kosmos Experimentierbuch

Speisestärke

1%ige alkoholische
Jodtinktur

kosmos Experimentierbuch

Elisabeth Bendel

Chemie - eine ganz alltägliche Sache

Experimentieren – beobachten – beurteilen

Mit 40 spannenden Versuchen

**Unter Mitarbeit von
Günter Scholz**

**Kosmos · Gesellschaft der Naturfreunde
Franckh'sche Verlagshandlung · Stuttgart**

Mit 10 mehrfarbigen Zeichnungen im Text von Hans-Hermann Kropf nach Vorlagen der Verfasserin. Die 65 Farbfotos wurden von Gesine Assmus aufgenommen.

Umschlaggestaltung von Kaselow Design, München, unter Verwendung einer Aufnahme von Gesine Assmus.

CIP-Kurztitelaufnahme der Deutschen Bibliothek

Bendel, Elisabeth:
Chemie – eine ganz alltägliche Sache : experimentieren – beobachten – beurteilen ; mit 40 spannenden Versuchen / Elisabeth Bendel. Unter Mitarb. von Günter Scholz. [Die 65 Farbfotos im Text wurden von Gesine Assmus aufgenommen]. –
Stuttgart : Franckh, 1987.
(Kosmos-Experimentierbuch)
ISBN 3-440-05721-6

Dieses Buch entstand in Zusammenarbeit und mit Unterstützung des Fonds der Chemischen Industrie sowie unter Mitarbeit von Günter Scholz.

Chemie –
eine ganz alltägliche Sache

Hallo,

liebe Schülerinnen und Schüler der Hauptschule, der Realschule und des Gymnasiums (Klasse 7 bis 10), hier ist ein neues Chemiebuch für Euch. Vielleicht denkt Ihr jetzt: Schülerinnen und Schüler. Chemiebuch. Schon wieder Schule! Immer dasselbe!

Alle Tage wieder

Während der Woche verläuft eigentlich jeder Tag ähnlich, nach einem ganz bestimmten Zeitplan.
Ein Mädchen und ein Junge Eures Alters – wir wollen sie Martina und Thomas nennen – haben einmal aufgeschrieben, wie so ein ganz normaler Tag bei ihnen abläuft:

Martina

6.30 Der Wecker klingelt.	○
Aufstehen,	○
zur Toilette gehen,	○
waschen, Zähne putzen,	○
schminken (Hautcreme, Puder, Wimperntusche, Lippenstift),	○
anziehen,	○
Haare bürsten,	○
7.00 Frühstück (Cornflakes, Brötchen, Margarine, Nutella, Wurst, Kaffee),	○
7.30 zur Schule gehen,	○
7.55 Unterrichtsbeginn,	○
9.30 große Pause: auf dem Schulhof umhergehen,	○
13.15 Schulschluß, nach Hause gehen,	○
13.45 Essen warmstellen,	○
Mittagessen,	○
14.15 Tisch abräumen,	○
spülen,	○
staubsaugen,	○
14.45 umziehen,	○
Haare mit dem Lockenstab frisieren,	○
schminken,	○
15.00 Disco,	○
17.30 nach Hause gehen,	○
17.45 Essen für Mutter warmstellen,	○

Thomas

6.30 Aufstehen,	
zur Toilette gehen,	○
waschen,	○
Zähne putzen,	○
anziehen,	○
6.50 frühstücken (Brötchen, Knäckebrot, Butter, Marmelade, Vitaminsaft),	○
7.05 mit dem Hund rausgehen (Walkman mitnehmen),	○
7.25 zur Schule gehen,	○
7.35 auf dem Schulhof Fußball spielen,	○
7.55 in die Klasse gehen und im Unterricht gut mitarbeiten,	○
9.30 Pause: Fußball spielen,	○
10.00 wieder Unterricht,	○
13.15 Schulschluß, mit Freunden nach Hause gehen,	○
13.30 Mittagessen,	○
13.45 Hausaufgaben machen,	○
14.15 mit dem Hund rausgehen,	○
14.30 in der Schule Tennis spielen,	○
16.00 zu Hause lesen, Musik hören oder computern,	○
17.00 Training (Judo, Selbstverteidigung),	○
19.30 Ende des Trainings,	○
19.45 Abendessen,	○

Martina

18.00 auf den Spielplatz gehen oder
babysitten, ○

19.30 Abendessen (Butterbrote,
Kakao), ○

19.50 Tisch abräumen, ○
spülen, ○
Küche aufräumen, ○

20.15 fernsehen, ○

21.45 ausziehen, ○
abschminken, ○
waschen, ○
Zähne putzen, ○

22.00 schlafen gehen. ○

Thomas

20.00 lesen, fernsehen oder Video-
filme ansehen, ○

22.00 zur Toilette gehen, ○
ausziehen, ○
waschen, ○
Zähne putzen, ○
ins Bett gehen. ○

Wahrscheinlich sieht Euer Tagesablauf so ähnlich aus; sicher nehmt Ihr Euch mehr Zeit zur Erledigung der Hausaufgaben. Doch – so werdet Ihr vielleicht fragen– was hat das alles mit

Chemie

zu tun? Eine ganze Menge! Wenn Ihr nämlich genauer hinschaut, dann werdet Ihr feststellen, daß Martina und Thomas mit *chemischen Produkten* und *chemischen Vorgängen* im Laufe eines Tages häufig zu tun haben. Mit einigen dieser Produkte und Vorgänge befaßt sich dieses Buch. Der besseren Übersicht wegen haben wir eine Einteilung nach

Sachgebieten

vorgenommen. Die einzelnen Sachgebiete sind:

- 🔵 Waschmittel,
- ⚪ Pflegemittel,
- 🟢 Lebensmittel,
- 🔴 Farbstoffe und
- ⚫ Elektrochemie (z.B. Batterien).

Jedes Sachgebiet ist durch einen Punkt in einer bestimmten Farbe gekennzeichnet. Und nun eine erste Aufgabe für Euch: Bei den Tagesabläufen von

Martina und Thomas sind kleine Kreise eingezeichnet (s. S. 7 und 8). Nehmt bitte Stifte in den Farben, mit denen die Sachgebiete gekennzeichnet sind, und malt in den Tagesabläufen dort, wo Eurer Meinung nach ein bestimmtes Sachgebiet angesprochen ist, die Kreise mit der entsprechenden Farbe aus! Zu jedem der genannten Sachgebiete findet Ihr in diesem Buch eine ganze Anzahl

Experimente,

die Ihr in der Schule oder auch zu Hause allein oder gemeinsam mit Euren Mitschülerinnen und Mitschülern, Freundinnen und Freunden durchführen könnt.

Die in diesem Buch beschriebenen Experimente sind fortlaufend numeriert. Immer, wenn ein neues Sachgebiet anfängt, ist eine kurze

Einführung

eingefügt. Sie beginnt jeweils mit einer schematischen Darstellung des Tagesablaufs. Dort sind chemische Sachverhalte und Vorgänge des Sachgebiets in Stichworten genannt. Natürlich könnt Ihr die angeführten Beispiele um weitere ergänzen. Außerdem enthält die Einführung einige Informationen zum

Sachgebiet und gibt an, welche Probleme bei den nachfolgenden Experimenten behandelt werden.

Die Experimente haben – wie gesagt – eine fortlaufende

Numerierung.

Dennoch müßt Ihr nicht streng der Reihe nach vorgehen. Ihr könnt wählen, mit welchem Sachgebiet bzw. mit welchen Experimenten Ihr beginnen wollt.

Daß beim Experimentieren

Vorsicht

geboten ist, wißt Ihr. Beachtet also alle Sicherheitsvorschriften und alle entsprechenden Hinweise in den Versuchsbeschreibungen genau! Schützt nicht nur Euch selbst, sondern auch die, die mit Euch zusammen experimentieren, vor Gefahren! Haltet also zum Beispiel ein Reagenzglas beim Erhitzen nicht nur so, daß Euch der Inhalt nicht ins Gesicht spritzen kann, sondern in jedem Falle auch so, daß andere nicht zu Schaden kommen. Haftung in irgendeiner Form wird von den Autoren dieses Buches und vom Verlag nicht übernommen.

Die beschriebenen Experimente verfolgen unterschiedliche

Ziele:

● Bei manchen Experimenten geht es darum, einen chemischen Stoff – z.B. Kartoffelstärke – zu gewinnen oder ein chemisches Produkt – z.B. Lippenstift – herzustellen.

● Andere Experimente dienen dem Nachweis von bestimmten Stoffen – z.B. von Eiweiß – und von ihren Eigenschaften oder haben zum Ziel, verschiedene Stoffe – z.B. Fette und etherische Öle – zu unterscheiden.

● Wieder andere sind dafür gedacht, einen bestimmten Stoff – z.B. ein Kohlenhydrat – in seine Inhaltsstoffe zu zerlegen oder – bei den Experimenten zu den Farbstoffen – einen Farbstoff bzw. ein Farbstoffgemisch zu trennen.

● Und einige Experimente schließlich wollen chemische Vorgänge – z.B. beim Anfärben von Lebensmitteln oder Textilien – zeigen oder chemische Wirkungen – z.B. solche beim Waschen – erklären.

Jedes Experiment umfaßt verschiedene Schritte, die nacheinander durchgeführt werden müssen. Bei der Bezeichnung der einzelnen Schritte wurde absichtlich die

Ich-Form

verwendet; z.B.: Ich überlege. Und auch die Texte sind in der Ich-Form abgefaßt. Natürlich könnt Ihr – das wurde ja schon gesagt – die Experimente auch gemeinsam mit anderen durchführen, und gerade die von Euch, die im Experimentieren nicht so sicher sind, werden sich jemanden suchen, der ihnen hilft. Aber man kann die Experimente eben auch alleine machen, und man sollte das Experimentieren selber lernen.

Doch nun zurück zu den einzelnen Schritten eines jeden Experiments. Der erste Schritt ist überschrieben:

Ich überlege.

Er wird häufig auch *theoretische* (= gedankliche) Vorbereitung oder Hypothesenbildung genannt. Eine *Hypothese* ist eine Vermutung, eine Annahme, die durch das Experiment bewiesen werden soll. Wird die Vermutung durch das Experiment bestätigt, dann sagt man: Die Hypothese ist *verifiziert* (= als wahr bewiesen) worden. Wird die Vermutung durch das Experiment nicht bestätigt oder widerlegt, so sagt man: Die Hypothese ist *falsifiziert* (= als nicht zutreffend, als falsch erwiesen) worden.

Wir haben die Überschrift „Ich überlege" auch deshalb gewählt, weil nicht alle in diesem Buch beschriebenen Experimente auf eine Beweisführung in diesem Sinne abzielen.

Unter der Überschrift „Ich überlege" sind jeweils einige Überlegungen vorgegeben. Sie sind als Hilfe für Euch gedacht. Doch vielleicht fällt Euch auch selber noch so manches ein!

Aufgrund der Überlegungen stellt sich dann die Frage, wie man das Experiment durchführen kann. Deshalb folgt als nächster Schritt:

Ich benötige.

Bei diesem Schritt geht es um die praktische Vorbereitung des Experiments. Nun werden die Geräte und Chemikalien bereitgestellt. In diesem Buch sind Geräte und Chemikalien bewußt nicht getrennt nebeneinander oder nacheinander aufgeführt, sondern in der Regel in der Reihenfolge, wie sie benötigt werden. Manchmal benötigt man ein Gerät oder eine Chemikalie mehrmals. Wenn man z. B. mehrmals einen Meßzylinder braucht, kann man immer denselben benutzen, muß ihn aber nach jedem Gebrauch reinigen.

Wenn Ihr zu Hause experimentieren wollt, habt Ihr dort vielleicht manche Geräte nicht. Für diesen Fall ist häufig ein Ersatzgerät genannt. Wenn nicht, könnt Ihr überlegen, welches Gerät sich ersatzweise benutzen läßt. So kann man statt eines (feuerfesten) Becherglases auch eine Schüssel oder einen Topf nehmen – eine Schüssel dann, wenn man sie nicht erhitzen muß; einen Topf, wenn man ihn erhitzen muß. Darauf müßt Ihr also beispielsweise achten.

Bei den Chemikalien haltet Euch bitte genau an die Angaben! Hier ist bei „Ersatzstoffen" Vorsicht geboten. Nehmt von den Chemikalien auch immer nur die angegebene Menge! Wenn die Menge unter der Überschrift „Ich benötige" nicht angegeben ist, dann erfahrt Ihr sie in dem nächsten Abschnitt:

Ich experimentiere.

Der unter dieser Überschrift jeweils abgedruckte Text enthält die Angaben zur praktischen Durchführung des Experiments. Es ist die Versuchsbeschreibung. Lest sie bitte immer erst einmal ganz durch, ehe Ihr zu experimentieren beginnt!

Die Versuchsbeschreibung sagt Euch, was Ihr tun müßt. Sie ist in Absätze gegliedert. Diese Absätze sollen die schrittweise Abfolge des Experiments deutlich machen.

Wenn bei einem Experiment mehrere Experimentiervorgänge nacheinander durchzuführen sind, dann sind die einzelnen Vorgänge fortlaufend numeriert. **Auf besondere Gefahren und Sicherheitsmaßnahmen – z. B. das Aufsetzen einer Schutzbrille – ist im Text hingewiesen. Also: Achtung! Und überhaupt: Vorsicht beim Experimentieren!** Während der Durchführung des Experiments müßt Ihr genau beobachten, was sich da so alles tut. Gleich nach Beendigung des Experiments schreibt Ihr Eure Beobachtungen in die freien Zeilen unter der Überschrift:

Ich beobachte.

Wenn bei einem Experiment mehrere Experimentiervorgänge durchzuführen sind, steht nach jedem Vorgang „Ich beobachte".

Die Beobachtungen sind wichtig für das Ergebnis. Das schreibt Ihr anschließend in die freien Zeilen unter der Überschrift:

Ich komme zu folgendem Ergebnis.

Hierbei geht es um die theoretische Auswertung des Experiments: Was hat das Experiment gezeigt? Was hat es bewiesen? Was habe ich erkannt? Was habe ich dazugelernt?

Da die Beobachtung und das Ergebnis so wichtig sind, sind im Anschluß an die Schritte „Ich beobachte" und „Ich komme zu folgendem Ergebnis" noch zwei Abschnitte angefügt. Sie haben die Überschriften:

Beobachtung und **Ergebnis.**

Dort sind die wichtigsten Beobachtungen und Ergebnisse bereits aufgeschrieben.

Ihr könnt also, wenn Ihr wollt, schon vor dem Experimentieren nachschauen, was dabei herauskommt. Aber sagt selbst, macht dann die Sache überhaupt noch Spaß? Also, erst selber überlegen, experimentieren, beobachten und das Ergebnis aufschreiben und dann nachschauen und vergleichen!

Um die verschiedenen Sachverhalte und Vorgänge noch deutlicher zu machen, ist jedem Experiment noch eine

Erklärung

angefügt. Dort werden dann u. a. auch bestimmte Bezeichnungen der Fachsprache der Chemie angeführt und erklärt. Außerdem werden die angesprochenen chemischen Sachverhalte und Vorgänge fachlich genauer beschrieben.

Der Verdeutlichung und dem besseren Verständnis dienen auch die in dem Buch enthaltenen

Fotos und sonstigen Abbildungen:

● Die bei verschiedenen Experimenten neben den Abschnitten „Ich benötige" und „Ich experimentiere" abgedruckten Fotos verdeutlichen den Versuchsaufbau und -ablauf.
● Die Fotos neben den Überschriften „Beobachtung" und „Ergebnis" zeigen wichtige Beobachtungen und Ergebnisse im Bild.
● Auf den übrigen Fotos und sonstigen Abbildungen sind zumeist Modelle oder schematische Darstellungen chemischer Sachverhalte und Vorgänge zu sehen.

● Wenn es sich um woanders entnommene Abbildungen handelt, ist die Quelle angegeben.

Wir hoffen, es wird Euch Spaß machen, mit diesem Buch zu arbeiten, und Ihr werdet alle

Schwierigkeiten

meistern. Mit den Schwierigkeiten ist das nämlich so eine Sache. Einige von Euch werden vielleicht sagen: Das weiß ich schon alles. Die Experimente sind zu einfach. Und andere stöhnen vielleicht: Manches weiß ich zwar schon, manches aber verstehe ich einfach nicht. Einige Experimente kann ich durchführen, andere wollen nicht klappen.

So ist das nun einmal: Der eine weiß und kann mehr, der andere weniger. Aber alle können dazulernen. Deshalb haben wir uns zumindest bemüht, die Texte so abzufassen, daß möglichst alle von Euch sie verstehen können. Und deshalb haben wir auch die Experimente – besonders am Anfang des Buches – ganz ausführlich beschrieben.

Wenn Ihr wollt, dann könnt Ihr uns ja schreiben,

● wie Ihr mit der Durchführung der in diesem Buch beschriebenen Experimente zurechtgekommen seid,
● welche Experimente Euch viel, welche Euch wenig und welche Euch gar keinen Spaß gemacht haben,
● was Euch an diesem Buch gut, was weniger gut und was gar nicht gefallen hat und
● welche Themen und Fragen aus der Chemie Euch noch interessieren.

Auf Post freut sich
Elisabeth Bendel
Franckh-Kosmos-Verlag
Lektorat Chemie
Postfach 640
7000 Stuttgart 1

Waschen und Waschmittel

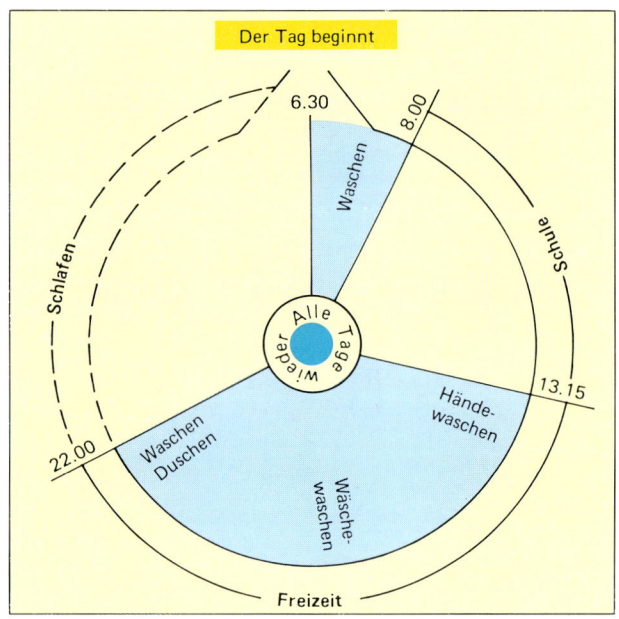

Der Tag beginnt

6.30
8.00
Waschen
Schule
13.15
Schlafen
Wieder Alle Tage
Hände-waschen
22.00
Waschen Duschen
Wäsche-waschen
Freizeit

Abb. 1

Ein Beispiel: Ich will mir zum Frühstück Kakao kochen. Dabei schütte ich mir etwas Kakaopulver auf die Hand und auch auf den Ärmel meines weißen Pullis. Das Kakaopulver auf der Hand schüttele oder klopfe ich ab oder reibe ich mit der anderen Hand oder mit einem (feuchten) Tuch ab. Das Kakaopulver auf dem Pulli bekomme ich auf diese Weise nicht (vollständig) weg. Ich lege den Pulli in kaltes oder warmes Wasser und reibe mit den Händen die verschmutzte Stelle aus. Der Fleck bleibt. Ich gebe etwas Waschpulver in das Wasser und versuche erneut, den Fleck auszureiben. Anschließend wringe ich den Pulli vorsichtig aus und spüle mit klarem Wasser nach. Der Fleck ist weg. Aber leider kann ich den Pulli heute nicht mehr anziehen, da er noch trocknen muß. Ich hänge ihn auf den Balkon (in die Sonne).

Dieses Beispiel zeigt: Es gibt verschiedene Arten, etwas zu reinigen. Reinigen geschieht z. B. auch durch Abschütteln, Abklopfen, Abreiben und Abbürsten des Schmutzes. Waschen ist eine andere, eine besondere Art des Reinigens. Das Besondere beim Waschen ist, daß dazu Wasser und spezielle Reinigungsmittel verwendet werden. Daneben spielen beim Waschen auch mechanische Vorgänge eine Rolle: Wenn ich meine Hände wasche, reibe ich sie aneinander. In der Waschmaschine wird die Wäsche ständig hin- und herbewegt. Beim Spülen des Geschirrs benutzt man einen Topfkratzer, eine Bürste usw.

Durch Waschen also soll etwas gereinigt, sollen Verschmutzungen beseitigt werden. Ich wasche meinen Körper, ich putze meine Zähne, ich wasche mein Haar. Die Wäsche wird gewaschen. Das Geschirr wird gespült.

Zur Körperreinigung gehören insbesondere das Waschen der Haut, das Haarewaschen und das Zähneputzen. Ich verwende dazu im allgemeinen kaltes oder warmes Wasser und besondere chemische Produkte: zum Waschen der Haut zumeist Seife, zum Waschen des Haares Shampoo und zum Reinigen der Zähne Zahnpasta.

Beim Waschen der Wäsche spielen offensichtlich die Gewebeart (Faserstruktur) und die Farbe eine wichtige Rolle; man unterscheidet z.B. Kochwäsche, Buntwäsche und Feinwäsche/Wolle. Gewebeart und Farbe sind zum einen für die Waschtemperatur von Bedeutung: Kochwäsche wäscht man bei 90 °C, Buntwäsche bei 60°C, Feinwäsche/Wolle bei 30°C. Gewebeart und Farbe sind zum anderen auch bei der Wahl des Waschmittels zu beachten. Für das Wäschewaschen benutzt man heute nicht mehr nur einfache Seife (Kernseife, Seifenflocken, Schmierseife) wie früher, sondern Waschpulver. Dieses ist zwar zumeist für alle drei genannten Temperaturbereiche verwendbar; daneben aber gibt es auch noch spezielle Fein- und Wollwaschmittel.

Zum Spülen des Geschirrs verwendet man besondere Spülmittel. Sie müssen vor allem fettlösend wirken, bei richtiger Anwendung Vergiftungsgefahren ausschließen und sollten auch möglichst hautfreundlich sein.

Seife, Waschpulver, Spülmittel, Shampoo und Zahnpasta sind also Reinigungsmittel. Ihre Wirkung muß deshalb grundsätzlich dieselbe sein: Sie sollen vornehmlich reinigen, Verschmutzungen beseitigen. Auf welche Weise die Wirkung von Seife, Waschpulver und Spülmittel erreicht wird, das soll in den Experimenten 1 bis 9 genauer untersucht werden.

Da Shampoo und Zahnpasta nicht nur Reinigungsmittel, sondern im besonderen Maße auch Pflegemittel sind, werden sie unter diesem Sachgebiet behandelt (s. Experimente 10 bis 11).

Experiment 1:
Seife entsteht durch die Reaktion von Fett und Lauge – Herstellung von Seife

Ich überlege:

Schaue ich mir die Werbung für Seife und die Texte auf den Verpackungen an, dann erfahre ich z.B., daß in einer Seife reines Olivenöl enthalten ist. Ich weiß, Öle und Fette sind verwandt.

Auf einer Packung ist der pH-Wert der Seife mit 8 angegeben. Der pH-Wert zeigt an, ob die Seife *sauer* oder *alkalisch* reagiert. Ist er höher als 7, so reagiert die Seife alkalisch; das heißt, sie „enthält Lauge". (Eine Lösung aus Wasser und Seife bezeichnet man in der Umgangssprache als Seifenlauge.)

Ich benötige:
- 1 Waage (z. B. Küchenwaage)
- 1 Porzellanschale (oder ein Becherglas oder einen kleinen Topf)
- 10 g Palmin
- 1 Meßzylinder
- 15 ml Natronlauge (10 %ig)

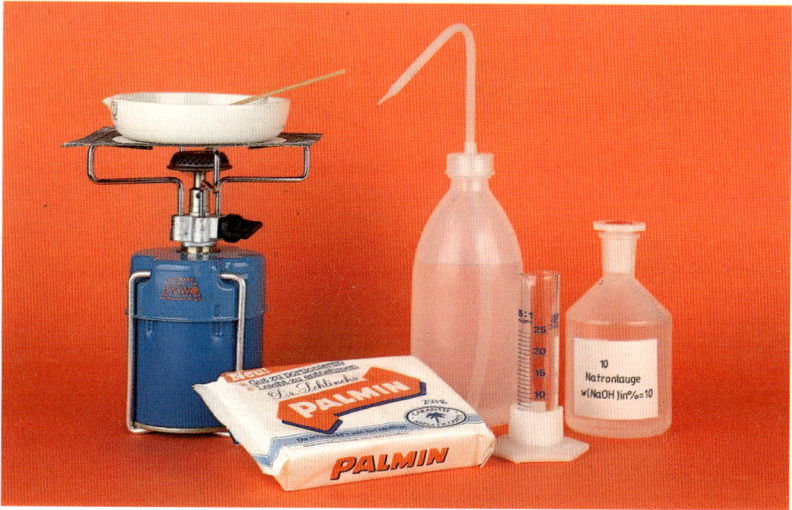

Abb. 2

- 1 Brenner (mit Aufsatz oder mit
  Dreifuß und Drahtnetz)
  oder eine Heizplatte
- Streichhölzer/Feuerzeug
- 1 Drahtnetz
- 1 Schutzbrille (z.B. Sonnenbrille)
- 1 Glasstab
- 1 Spritzflasche mit Wasser
- 1 leere Streichholzschachtel

Ich experimentiere:

Ich lese zunächst die Versuchsbeschreibung einmal ganz durch.

Nun wiege ich in die Porzellanschale
10 g Palmin ein. Der Vorgang des Einwie-
gens – mit einer Küchenwaage – geht
so: Ich nehme die Waage, stelle die
Porzellanschale darauf, schaue nach,
wieviel sie wiegt, und gebe dann so viel
Palmin in die Schale, daß die Meßskala
10 g mehr anzeigt.

Im Meßzylinder messe ich dann 15 ml
10%ige Natronlauge ab. Anschließend
zünde ich den Brenner an, lege das

Drahtnetz auf den Aufsatz, stelle die
Porzellanschale mit dem Palmin darauf
und erwärme langsam, bis das Palmin
geschmolzen ist. Sodann setze ich die
Schutzbrille auf.

Unter ständigem Umrühren mit dem
Glasstab gebe ich langsam (portionsweise) die Natronlauge aus dem Meßzylinder hinzu. (Vorsicht! Ist das Fett zu
heiß, verspritzt es beim Hinzufügen der
Natronlauge.) Unter Umrühren koche
ich ca. 10 bis 15 Minuten weiter. Dabei
verdampft Wasser; dieses ersetze ich
aus der Spritzflasche. (Vorsicht, Spritz-
gefahr!)

Ist die Masse zähflüssig, mache ich den
Brenner aus. Daß der Brenner – aus
Sicherheitsgründen – nach Gebrauch
immer sofort ausgemacht wird, ist
selbstverständlich und wird deshalb bei
den folgenden Experimenten nicht
mehr eigens erwähnt.

Die Porzellanschale lasse ich abkühlen.
Anschließend fülle ich die noch warme
Masse mit dem Glasstab aus der Schale
in die Streichholzschachtel und warte,
bis sie erkaltet ist.

Ich beobachte:

_____

_____

_____

_____

_____

_____

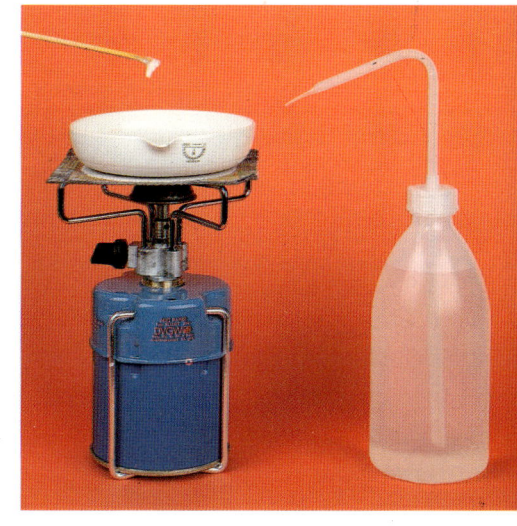

Abb. 3

Ich komme zu folgendem Ergebnis:

_____

_____

_____

_____

_____

Beobachtung:
Beim Hinzufügen der Natronlauge färbt sich die Masse weißlich (Abb. 3).
Nach ca. 10 bis 15 Minuten lassen sich mit dem Glasstab Fäden ziehen. Die Masse wird zähflüssig. Nach dem Erkalten in der Streichholzschachtel ist die Masse fest.

Ergebnis:
Die (weißliche) Färbung zeigt an, daß Fett mit Lauge zu Seife reagiert.

Abb. 4

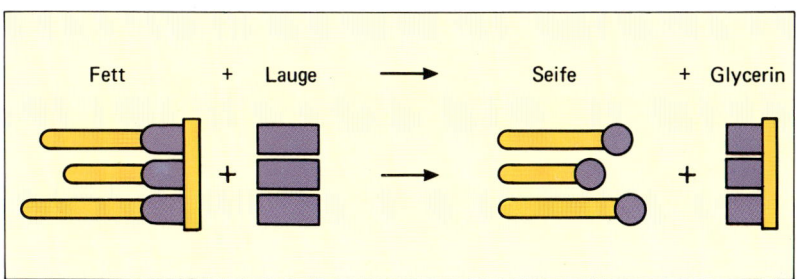

Erklärung:

Aus den flüssigen Ausgangsstoffen (das Palmin ist ja zunächst bei niedriger Temperatur geschmolzen worden) ist ein neuer, fester Stoff entstanden, der auch bei erhöhter Temperatur nicht schmilzt.

Im Schema der Abb. 4 (s. S. 15) kann die Reaktion verdeutlicht werden.

Das Fett ist beim Erhitzen mit Natronlauge in Seife und Glycerin zerlegt worden. Diesen Vorgang nennt man *Verseifung*.

Ich beobachte:

Wenn ich meine Hände ohne Seife in das Wasser halte,

_____

_____

_____

_____

Wenn ich die eingeseiften Hände in das Wasser halte,

_____

_____

_____

_____

Experiment 2:
Seifenlösung benetzt
die Haut

Ich überlege:

Wenn ich mir meine Hände wasche, nehme ich dazu nicht nur Wasser, sondern Seife.

Die Seife bewirkt offensichtlich, daß das Reinigen besser klappt, daß der Schmutz sich leichter von der Haut löst. Stimmt das?

Ich komme zu folgendem Ergebnis:

_____

Ich benötige:
– Waschbecken
– Wasser
– Seife (die selbst hergestellte oder eine andere)

_____

_____

_____

Ich experimentiere:

Ich fülle das Wasser in das Waschbekken. Sodann tauche ich meine Hände hinein, nehme sie wieder heraus und schaue sie mir genau an. Danach seife ich meine Hände ein, tauche sie wiederum in das Wasser, nehme sie heraus und schaue sie mir erneut genau an.

_____

_____

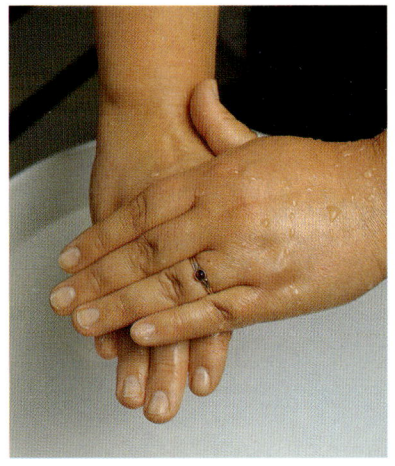

Abb. 5

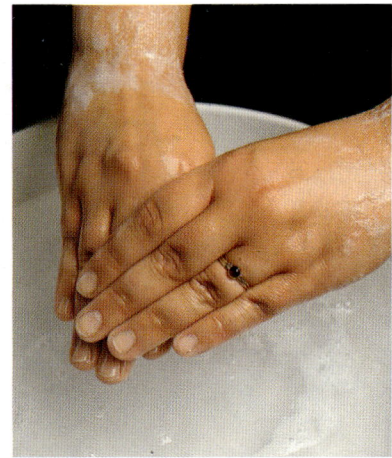

Abb. 6

Beobachtung:
Abb. 5 zeigt: Ohne Seife werden die Hände kaum naß. Das Wasser perlt von der Haut ab.
Abb. 6 zeigt: Mit Seife bildet sich Schaum, und die Hände werden ganz naß. Die Seifenlösung ist gleichmäßig auf der Haut verteilt.

Ergebnis:
Die Seifenlösung verteilt sich gleichmäßig auf der Haut, sie *benetzt* die Haut.

Erklärung:
Benetzen heißt: Die Seifenlösung verteilt sich gleichmäßig auf einem bestimmten Gegenstand, z. B. auf der Haut, auf dem Geschirr, auf der Wäsche.
Die Waschwirkung von Seife muß also etwas mit dem Benetzen zu tun haben. Welche Vorgänge die Waschwirkung hauptsächlich zustande bringen, das sollen die folgenden Experimente erklären.

Experiment 3:
Wasser hat eine größere Oberflächenspannung als Seifenlösung

Ich überlege:
Das habe ich schon gesehen und ausprobiert: Wenn ich ein Glas langsam bis zum Rand mit Wasser fülle, gewinne ich den Eindruck, als bilde die Wasseroberfläche gleichsam eine Haut. Wenn ich dann ganz vorsichtig und ohne Verkantung ein Pfennigstück auf diese Oberfläche schiebe, dann schwimmt das Pfennigstück auf der Oberfläche. Wenn ich nun Spülmittel in das Wasser gebe, dann sinkt das Pfennigstück ab. Das Spülmittel zerstört die „Wasserhaut".
Will ich genauer wissen, wie groß die Oberflächenspannung von Wasser und wie groß die von Seifenlösung ist, muß ich vergleichen.

17

Abb. 7

der Balkenwaage eine Waagschale ab (Abb. 7 links) und befestige an Stelle der abgenommenen Waagschale mit Draht ein Gewicht, das die Waage etwa wieder ins Gleichgewicht bringt.

Aus dem Kupferdraht biege ich einen Ring von etwa 5 cm Durchmesser. Die Enden verdrille ich mit der Zange, so daß sie möglichst nicht mehr heraus stehen. An dem Ring befestige ich in gleichen Abständen die drei Fäden Nähgarn. Diese Fäden verknote ich an ihrem oberen Ende miteinander und befestige sie dort, wo der Draht mit dem Gewicht angebracht ist.

Jetzt fülle ich die Glasschale mit Wasser und setze sie so unter den Ring, daß dieser gerade ins Wasser eintaucht. Eventuell muß ich die Schale dazu noch auf eine Unterlage (z. B. ein Holzklötzchen) stellen (s. Abb. 7 links). Schließlich bringe ich die Waage völlig ins Gleichgewicht, indem ich in die Waagschale einige Gewichte lege (s. Abb. 7 rechts).

1. Der erste Versuch beginnt: Ich belaste die Waagschale langsam und vorsichtig immer mehr mit Gewichten, bis der Ring schließlich aus dem Wasser herausgezogen ist.

Ich benötige:
- 1 Balkenwaage
  (evtl. selbst hergestellt)
- 1 Gewicht (möglichst gleich schwer wie eine Waagschale)
- 1 Stück Draht
- 1 Kupferdraht (etwa 1 mm dick und 20 cm lang)
- 1 Zange
- 3 Fäden Nähgarn
- 1 Glasschale (Durchmesser größer als 5 cm)
- Wasser
- Holzklötzchen (als Unterlage)
- Gewichte
- 1 Stück Seife
- 1 Messer
- 1 Rührstab

Ich experimentiere:
Den Versuch ordne ich so an, wie es auf der Abb. 7 zu sehen ist: Ich nehme von

Ich beobachte:

_____

_____

_____

_____

_____

_____

2. Der zweite Versuch verläuft wie der erste. Statt des Wassers nehme ich jetzt Seifenlösung. Diese stelle ich so her: Ich raspele mit dem Messer Stückchen von der Seife in die Glasschale mit dem Wasser und verrühre mit dem Rührstab.

Ich beobachte:

_____

_____

_____

_____

_____

Ich komme zu folgendem Ergebnis:

▲
Abb. 8

Abb. 9
▼

_____

_____

_____

_____

_____

_____

_____

Beobachtung:
Abb. 8 zeigt: Je mehr ich die Waagschale mit Gewichten belaste, desto mehr wird der Ring aus dem Wasser herausgezogen.

Wenn der Ring aus dem Wasser heraustritt, bildet sich zunächst ein Film.

Abb. 9 (s. S. 19) zeigt: Schließlich reißt der Film ab.

Abb. 10 zeigt: Bei der Seifenlösung brauche ich bis zum Abreißen des Films vier Gewichte weniger.

Abb. 10

Ergebnis:
Wasser hat eine größere Oberflächenspannung als Seifenlösung.

Erklärung:
Die Grenze eines festen oder flüssigen Stoffes zu einem andern – festen oder flüssigen – Stoff bezeichnet man als Grenzfläche. Die Grenze eines festen oder flüssigen Stoffes zur Luft bezeichnet man auch als Oberfläche.

Jeder feste oder flüssige Stoff hat an seiner Oberfläche, also an seiner Grenze zur Luft, eine Spannung: die *Oberflächenspannung.*

Die Oberflächenspannung wird in der Maßeinheit mN/m (= Milli-Newton pro Meter) bei 20 °C angegeben. Wasser hat 73 mN/m. Seifenlösung hat bis zu mehr als der Hälfte weniger. Dabei spielt natürlich die Konzentration eine Rolle.

Bei den Versuchen liegt ein besonderes Problem im Bereich des Vergleichens: Es sieht zwar so aus, als ob ein *Massevergleich* vorgenommen würde. Tatsächlich aber handelt es sich um einen *Kräftevergleich.* Die Gewichte in der Waagschale wirken als Kraft, die den Ring aus dem Wasser bzw. aus der Seifenlösung zieht.

Experiment 4:
Seife setzt die Oberflächenspannung von Wasser herab

Ich überlege:
Wenn die Oberflächenspannung von Wasser größer ist als die von Seifenlösung (s. Experiment 3), dann muß Seife die Oberflächenspannung von Wasser herabsetzen.

Abb. 11

Ich benötige:
- 1 Glasschale
- Wasser
- gemahlenen Pfeffer (oder Sägemehl)
- 1 Stück (selbst hergestellte) Seife

Ich experimentiere:
Die Glasschale fülle ich mit Wasser halb voll. In die Mitte der Wasseroberfläche streue ich Pfeffer. Mitten in den Pfeffer tauche ich eine Ecke des Seifenstücks.

Ich beobachte:

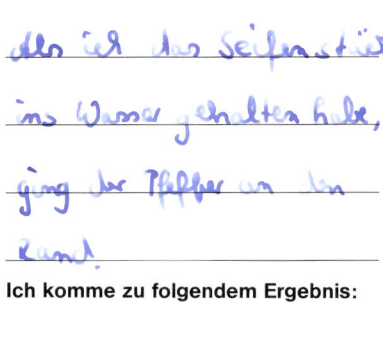

als ich das Seifenstück ins Wasser gehalten habe, ging der Pfeffer an den Rand.

Ich komme zu folgendem Ergebnis:

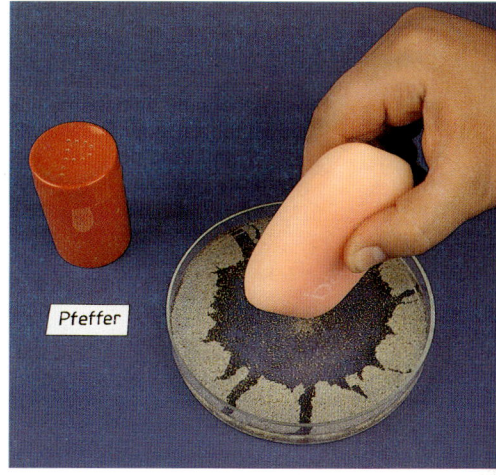

Abb. 12

Beobachtung:
Der Pfeffer weicht nach allen Seiten aus (Abb. 12).

Ergebnis:
Seifenteilchen lösen sich sofort im Wasser, besetzen die Oberfläche und verdrängen Wasserteilchen.

Erklärung:
Seife ist ein chemischer Stoff, der aus vielen kleinen Teilchen besteht. Diese Teilchen – in der Fachsprache heißen sie *Moleküle* – sind so aufgebaut: Das eine Ende ist „wasserfreundlich", *hydrophil*, das andere Ende ist „wasserfeindlich", *hydrophob*.
Wird Seife in Wasser gelöst, so dringt der hydrophile „Kopf" zunächst in die Oberfläche des Wassers ein. Die Teilchen ordnen sich parallel an der Oberfläche des Wassers an, zerteilen sie und setzen dadurch die Oberflächenspannung des Wassers herab.
Abb. 13 zeigt diesen Vorgang im Modell. Abb. 14 zeigt den Vorgang im Schema.

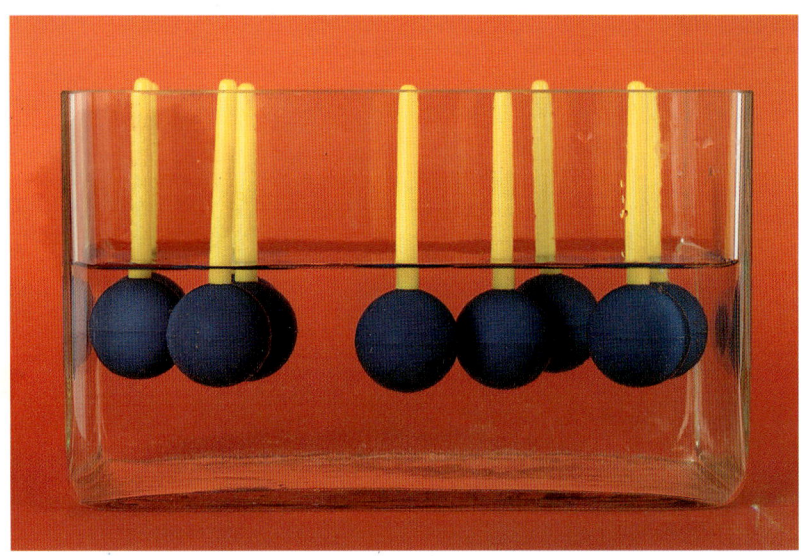

Abb. 13 (oben)

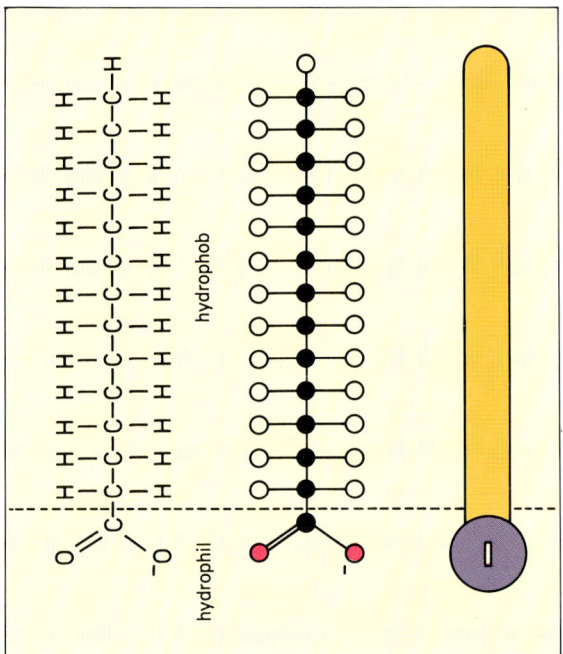

*Abb. 14:
aus Henkel KGaA,
Düsseldorf/Klett,
Stuttgart: Seifen und
Waschmittel. Unter-
richtseinheit, Stutt-
gart, Klett, 1980. Es
handelt sich um
einen Experimentier-
kasten mit Informa-
tionsbroschüre, Dias
usw.*

Experiment 5:
Seifenlösung (Spülmittel) wirkt grenzflächenaktiv auf Öl (und Fett)

Ich überlege:
Öl ist weniger flüssig, aber leichter als Wasser. Wenn ich Öl in Wasser schütte, sammelt es sich rasch an der Oberfläche und schwimmt dort. Wenn ich Wasser in Öl schütte, steigt das Öl hoch und schwimmt schließlich auf dem Wasser.
Was geschieht, wenn ich Öl in einer Flasche in ein Gefäß mit Wasser stelle, so daß das Wasser über das Öl reicht? Da das Öl leichter als Wasser ist, müßte es auslaufen und sich an der Wasseroberfläche sammeln.

Ich benötige:
- 1 kleines Becherglas (oder 1 anderes Gefäß)
- Speiseöl
- 1 Teelöffel Paprikapulver
- 1 Rührstab
- 1 kleines Becherglas
- 1 leeres Fläschchen
- 1 großes Becherglas (1 l, oder 1 Einmachglas)
- Wasser
- Spülmittel (in der Plastikflasche)

Ich experimentiere:
Ich fülle ein kleines Becherglas halbvoll mit Speiseöl, gebe einen Teelöffel Paprikapulver hinzu, verrühre mit dem Rührstab und lasse die Mischung eine Weile stehen. Durch das Paprikapulver wird das Öl rot angefärbt und ist so besser zu sehen. Anschließend beseitige ich die festen Rückstände des Paprikapulvers, die sich am Boden des Glases abgesetzt haben, indem ich die klare Lösung in ein anderes kleines Becherglas abfließen lasse.

Das angefärbte Öl fülle ich in ein Fläschchen mit langem, engen Hals, z. B. ein Underbergfläschchen, so daß dieses bis zum Rand gefüllt ist. Dann stelle ich das Fläschchen neben das große Becherglas, schütte in das große Becherglas so viel Wasser, daß es schätzungsweise ca. 3 bis 4 cm über die Öffnung der Fläschchens reicht, und stelle das Fläschchen mit dem Öl vorsichtig in das Wasser.
Nun nehme ich die Plastikflasche mit dem Spülmittel, tauche sie so in das Wasser in dem großen Becherglas ein, daß die Öffnung der Spülmittelflasche oberhalb der Öffnung der Flasche ist, und drücke etwas von dem Spülmittel heraus. Ich benütze Spülmittel statt Seife, weil es wirksamer und einfacher zu handhaben ist.

Speiseöl mit Paprika angefärbt

Abb. 15

Ich beobachte:

_____

_____

_____

Abb. 16

Ich komme zu folgendem Ergebnis:

Ergebnis:
Die Seifenlösung bringt das Öl zum Ausfließen.

Erklärung:
An der Grenzfläche Öl-Wasser besteht eine Spannung, die *Grenzflächenspannung*. Sie verhindert, daß sich das Öl im Wasser verteilt. Zusätzlich verringert in unserem Versuch die enge Öffnung des Fläschchens den Auftrieb des Öls. Außerdem übt das über dem Öl stehende Wasser einen Druck auf die Grenzfläche des Öls aus.
Die eingebrachte Seifenlösung benetzt die Grenzfläche Öl-Wasser derart, daß die hydrophoben Enden der Seifenteilchen sofort in das Öl eindringen, während die hydrophilen „Köpfe" dem Wasser zugekehrt sind. Dadurch wird die Grenzflächenspannung so verringert, daß das Öl aus dem Fläschchen ausfließen kann.

Beobachtung:
Das Öl bleibt zunächst im Fläschchen. Obwohl es leichter ist als Wasser, kommt es nicht an die Wasseroberfläche.
Erst nachdem die Seifenlösung ins Wasser gegeben wurde, steigt das Öl fadenförmig im Wasser auf und sammelt sich an der Wasseroberfläche (Abb. 16).

Experiment 6:
Seifenlösung wirkt auf Öl
(und Fett) emulgierend

Ich überlege:
Wenn ich Geschirr spüle, nehme ich dazu Wasser, in das ich einige Tropfen eines Spülmittels gebe. Ich weiß: Mit Wasser allein kann ich das Fett von dem Geschirr nicht entfernen. Das Spülmittel bewirkt offensichtlich, daß das Fett besser abgelöst wird.

Ich benötige:
- 2 Reagenzgläser
- Wasser
- Spülmittel
- 1 Reagenzglasständer (oder 1 Glas)

Abb. 17

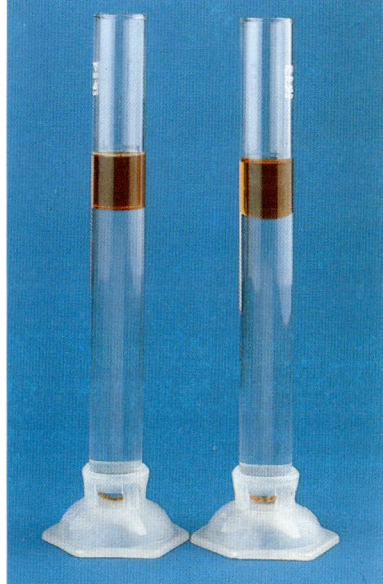

- 1 kleines Becherglas
- Speiseöl
- Paprikapulver
- 1 Rührstab
- 1 kleines Becherglas
- 2 Stopfen (passend zu den Reagenzgläsern)

Ich experimentiere:
Das erste Reagenzglas fülle ich zur Hälfte mit Wasser. Das zweite fülle ich ebenfalls halbvoll mit Wasser und gebe 2 Tropfen Spülmittel dazu. Beide Reagenzgläser stelle ich sodann in den Reagenzglasständer.

In einem kleinen Becherglas verrühre ich etwas Öl und etwas Paprikapulver mit dem Rührstab und lasse die Mischung einige Zeit stehen. Anschließend beseitige ich die festen Rückstände des Paprikapulvers, die sich am Boden des Glases abgesetzt haben, indem ich die klare Lösung in ein anderes kleines Becherglas abfließen lasse (s. auch Experiment 5).

Nun gebe ich in die beiden Reagenzgläser die gleiche Menge gefärbten Öls (etwa 1 cm hoch), verschließe die Reagenzgläser mit den Stopfen und schüttle sie kräftig.

Ich beobachte:

_____

_____

_____

_____

_____

25

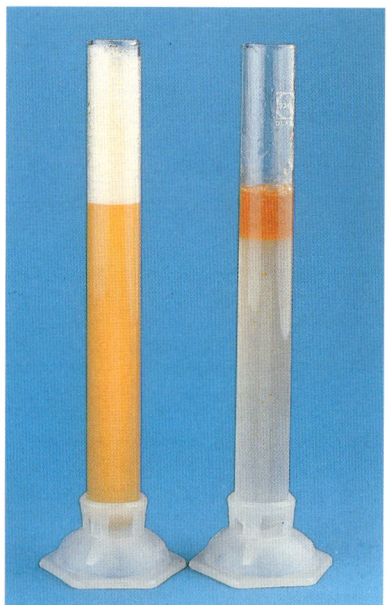

Abb. 18

Beobachtung:
Öl und Wasser vermischen sich sehr schlecht. Das Öl setzt sich sofort wieder auf dem Wasser ab (Abb. 18 rechts). In der Spülmittellösung haben sich viele feine Öltröpfchen gebildet, die nicht zu größeren Tropfen zusammenfließen (Abb. 18 links).

Ergebnis:
Spülmittel bildet mit Öl durch Schütteln eine Emulsion.

Erklärung:
Öl ist eine *hydrophobe*, also wasserfeindliche, Flüssigkeit. Deshalb fließen im ersten Reagenzglas nach dem Schütteln die Öltropfen wieder zusammen. Sie entweichen dem Wasser.

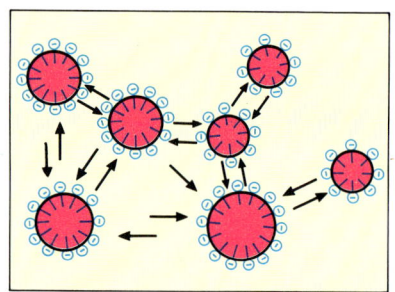

Abb. 19

Ich komme zu folgendem Ergebnis:

_____

_____

_____

_____

_____

_____

_____

Spülmittel enthält – wie Seife – Teilchen, die aus einem hydrophilen und einem hydrophoben Baustein bestehen. Nach dem Prinzip „Gleiches löst sich in Gleichem" dringen die hydrophoben Enden in das hydrophobe Öl ein, während die hydrophilen Enden aus der Oberfläche eines jeden Öltröpfchens herausragen. Da aber die hydrophilen Teilchen gleich, nämlich negativ, geladen sind, stoßen sie sich gegenseitig ab. Sie können daher nicht wieder zusammenfließen und schweben, weil sie eine geringe Masse haben, einige Zeit im Wasser.

Es ist eine *Emulsion* von Öl in Wasser (O/W-Emulsion; Modell s. Abb. 19) entstanden. Das bedeutet: Feinste Öltröpfchen schweben im Wasser.

Experiment 7:
Waschpulver enthält Stoffe, die Wasser enthärten

Ich überlege:
Ich habe schon festgestellt: Es gibt Wasser, das weich ist. Das merkt man daran, daß man beim Händewaschen mit Seife das Gefühl hat, die Seife geht nicht ab.

Wasserhärtebereich	
(1)	weich (0-7°d)
(2)	mittel (7-14°d)
(3)	hart (14-21°d)
(4)	sehr hart (über 21°d)

Abb. 20

Es gibt aber auch hartes Wasser. Damit kann man die Seife gut abwaschen.
Die Härtegrade von Wasser bzw. die Wasserhärtebereiche sind auf den Waschpulverpaketen angegeben, damit entsprechend dem Härtegrad (°dH oder °d = Grad deutscher Härte) das Waschpulver dosiert werden kann.
Welchen Härtegrad das Leitungswasser bei uns hat, kann ich bei den Stadtwerken oder beim Wasserwerk erfahren. Oftmals sind entsprechende Angaben auch den Abrechnungen zu entnehmen.

Ich benötige:
– 3 gleich große Erlenmeyerkolben (oder Gläser)
– destilliertes Wasser
– Regenwasser
– hartes Leitungswasser (Wasser kann durch Zugabe von Calciumchlorid härter gemacht werden)
– 1 Meßzylinder
– 40 ml Alkohol (Weingeist)
– 1 kleines Becherglas
– 1 Messer
– Seife
– 1 Unterlage (z.B. Papier)
– 1 Teelöffel
– 1 Rührstab
– 1 Erlenmeyerkolben (so groß wie die drei oben)
– Wasserenthärter (z.B. Calgon)
– 1 Spatel (eventuell Messer)

Ich experimentiere:
1. Ich nehme die drei Erlenmeyerkolben und fülle in jeweils gleicher Menge in den ersten destilliertes Wasser, in den zweiten Regenwasser und in den dritten Leitungswasser.
Im Meßzylinder messe ich 40 ml Alkohol ab und gebe ihn dann in ein kleines Becherglas. Mit dem Messer raspele ich Seife auf die Unterlage, nehme davon einen Teelöffel voll (ungefähr 1 g Seife) ab, schütte sie in den Alkohol, verrühre mit dem Rührstab und löse die Seifenraspeln so auf.
Danach gebe ich in jeden der drei Erlenmeyerkolben 2 ml von dieser Lösung und rühre um.

Ich beobachte:

Ich komme zu folgendem Ergebnis:

_____

_____

_____

_____

_____

2. Ich fülle die Hälfte des Inhaltes aus dem dritten Erlenmeyerkolben (Leitungswasser und alkoholische Seifenlösung) in einen vierten, gebe eine Spatelspitze Calgon hinzu und rühre um.

Ich beobachte:

_____

_____

_____

_____

_____

_____

_____

_____

Beobachtung:
Abb. 21 zeigt: Das destillierte Wasser bleibt klar und hat viel Schaum.
Das Regenwasser ist etwas getrübt und hat weniger Schaum als das destillierte Wasser.
Das Leitungswasser ist stark getrübt und hat ganz wenig Schaum.
Abb. 22 zeigt: Nach der Zugabe eines Wasserenthärters, z.B. von Calgon, ist die Trübung im Leitungswasser nur noch gering, und es hat sich Schaum gebildet.

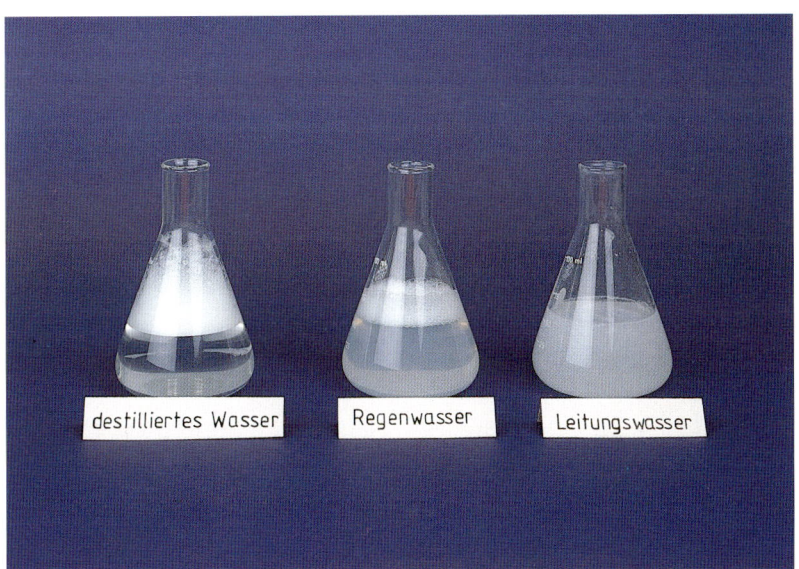

destilliertes Wasser   Regenwasser   Leitungswasser

Abb. 21

Abb. 22

Leitungswasser   mit Calgon

Ergebnis:

Je härter Wasser ist, desto weniger Schaum und desto mehr Niederschlag bildet sich, wenn Seifenlösung hinzugegeben wird.

Calgon reagiert mit dem Niederschlag und macht dadurch hartes Wasser weicher.

Erklärung:

Wasser nimmt beim Durchfließen des Erdreiches Salze auf. Die Menge hängt von der Beschaffenheit des Bodens ab. Kommt das Wasser aus kalkreichen Gegenden, ist es besonders hart. Es enthält lösliche Calciumverbindungen, hauptsächlich Calciumhydrogencarbonat. Dieses vor allem ist die Ursache für die Härte des Wassers. Hartes Wasser enthält oft auch kleinere Mengen von Magnesiumsalzen und von Gips (Calciumsulfat), die es ebenfalls härter machen.

Destilliertes Wasser enthält keine Calciumteilchen, Regenwasser nur eine sehr geringe Menge, Leitungswasser, wenn es hart ist, aber eine große.

In einer Lösung aus Seife und hartem Wasser verbinden sich die im Wasser gelösten Calciumteilchen (es sind Calciumionen) zu grauweißen, flockigen Niederschlägen. Diese Niederschläge nennt man *Kalkseifen*.

Calgon enthält Stoffe, die mit den Kalkseifen reagieren. Dabei verbinden sie sich mit den Calciumteilchen und *enthärten* das Wasser.

Die gleichen Stoffe sind auch im Waschpulver enthalten. Sobald das Waschpulver ins Wasser kommt, reagieren sie mit den im Wasser vorhandenen Calciumteilchen. Dadurch wird die Bildung von Kalkseifen verhindert, und das Wasser wird so *enthärtet*.

Experiment 8:
Waschpulver enthält Stoffe, die Flecke (z. B. Tintenflecke) entfernen

Ich überlege:

Wenn ich mein T-Shirt mit Tinte beschmutzt habe, bekomme ich den Fleck nicht mit Wasser und auch nicht mit Seife heraus. Tintenflecke sind „hartnäckige" Verschmutzungen, die sich erst durch Waschen mit Waschpulver entfernen lassen.

Ich benötige:

–   rohen, unbehandelten Baumwollstoff (z. B. Nessel)
–   1 Schere
–   1 fleckenunempfindliche Unterlage
–   1 Patrone mit blauer Tinte
–   1 großes Becherglas (evtl. auch 1 Topf)
–   handwarmes Wasser (Temperatur ca. 40°C)
–   4 gleich große Gläser
–   1 Waage (evtl. Briefwaage)
–   Feinwaschmittel (z. B. Perwoll)
–   1 Rührstab
–   Vollwaschmittel (z. B. Persil)
–   Natriumperborat (habe ich kein Natriumperborat, verzichte ich auf diesen Teil des Versuchs)

Ich experimentiere:

Von dem Baumwollstoff schneide ich mit der Schere vier gleich große Läppchen ab und lege sie auf die Unterlage. Dann öffne ich (mit der Spitze meines Kugelschreibers oder mit einem anderen spitzen Gegenstand) die Tintenpatrone und mache auf jedes Läppchen einen etwa gleich großen Tintenfleck.

Nun nehme ich ein großes Becherglas mit handwarmem Wasser und fülle das erste der vier gleich großen Gläser damit halb voll. Dann wiege ich auf der

Waage in das zweite Glas 2 g Feinwaschmittel ein, gieße so viel handwarmes Wasser dazu, daß der Flüssigkeits-
spiegel in diesem Glas genauso hoch
steht wie der im ersten und rühre um.
Anschließend wiege ich in das dritte
Glas 2 g Vollwaschmittel ein, fülle die
gleiche Menge handwarmes Wasser
wie vorher dazu und rühre ebenfalls um.
Schließlich wiege ich in das vierte Glas
2 g Natriumperborat ein, fülle wieder
gleich viel handwarmes Wasser wie
vorher dazu und rühre um.

Jetzt tauche ich in jedes Glas eines der
verschmutzten Läppchen ein und lasse
es fünf Minuten darin. Anschließend
nehme ich die Läppchen heraus, lege
sie so wieder auf die Unterlage, daß ich
weiß, welches Läppchen in welchem
Glas war, und lasse sie trocknen.

Abb. 23

Ich beobachte:

_____

_____

_____

_____

_____

_____

_____

_____

Ich komme zu folgendem Ergebnis:

_____

_____

_____

_____

_____

_____

_____

Beobachtung:
Auf den Läppchen, die im Wasser und in der Lösung mit Feinwaschmittel waren, sind die Tintenflecke noch deutlich zu sehen. Die zwei anderen Läppchen sind sauber.
Das Wasser und die Feinwaschmittellösung sind deutlich blau gefärbt, die beiden anderen Lösungen nicht (Abb. 23, s. S. 31).

Ergebnis:
Wasser und Feinwaschmittellösung entfernen Tintenflecke nicht. Vollwaschmittellösung und Natriumperboratlösung aber beseitigen sie.

Erklärung:
Natriumperborat ist ein _Bleichmittel._ Bleichen heißt: Farbstoffe werden zerstört. Das geht so vor sich: In warmem Wasser spaltet das Natriumperborat aktiven Sauerstoff ab. Dieser reagiert mit Farbstoffen (z. B. mit dem blauen Farb-

stoff der Tinte). Der Farbstoff wird dabei zu einer farblosen Verbindung von dem Sauerstoff oxidiert.
Da Vollwaschmittel die gleiche Bleichwirkung zeigen, müssen sie auch Natriumperborat enthalten. Farbempfindliche Textilien dürfen nicht mit einem Vollwaschmittel, sondern müssen mit einem Feinwaschmittel gewaschen werden, das kein Bleichmittel enthält. Darin also liegt **ein** Unterschied zwischen Vollwaschmitteln und Feinwaschmitteln.

Experiment 9:
Optische Aufheller lassen die Wäsche weißer erscheinen

Ich überlege:
Kann Wäsche „weißer als weiß" sein? Gibt es unterschiedliche Weißtöne? Im (ultravioletten) Licht der Disco schimmert mein weißes Hemd (meine weiße Bluse) bläulich.

Ich benötige:
– 2 Gläser
– Wasser
– 1 Teelöffel
– Vollwaschmittel
– rohen, unbehandelten Baumwollstoff (z. B. Nessel)
– 1 Schere
– 1 Ultraviolett-Lampe (oder eine Bestrahlungslampe mit UV-Licht)

Ich experimentiere:
Ich fülle zwei Gläser jeweils halbvoll mit Wasser. In ein Glas gebe ich zusätzlich einen Teelöffel Vollwaschmittel und verrühre es.
Ich schneide mir zwei gleich große Baumwolläppchen zurecht. Eines tauche ich in das Glas mit Wasser. Das zweite tauche ich in die Waschmittel-

Abb. 24

lösung und wasche es anschließend mit
Wasser gut aus.
Beide Läppchen lasse ich trocknen und
beleuchte sie dann mit einer Ultraviolett-Lampe.

Ich beobachte:

_____

_____

_____

_____

_____

_____

_____

Ich komme zu folgendem Ergebnis:

_____

_____

_____

_____

_____

Beobachtung:
Das mit dem Vollwaschmittel behandel-
te Läppchen sieht weißer aus als das
andere.
Im ultravioletten Licht zeigt es eine Blau-
tönung (Abb. 24).

Ergebnis:
Das Vollwaschmittel enthält einen Stoff,
der die Farben *aufhellt.*

33

Erklärung:

Optische Aufheller (= Weißtöner) sind Stoffe, die sich beim Waschen in winzigen Partikeln auf der Faser festsetzen. Der Fachmann sagt, sie ziehen auf die Faser auf. Daher ist das Läppchen, das mit Vollwaschmittel behandelt wurde, für unser Auge „weißer als weiß".

Optische Aufheller sind spezielle Farbstoffe. Sie können die ultravioletten Strahlen des Sonnenlichtes, die an sich unsichtbar sind, in sichtbares, blaues Licht verwandeln. Daher erscheint das Läppchen, das mit dem Vollwaschmittel behandelt wurde, unter der ultravioletten Lampe in einem blaustichigen Weiß. Die meisten Vollwaschmittel enthalten optische Aufheller, Feinwaschmittel nur selten. Zum Waschen naturfarbener Bekleidungsstücke – z. B. einer Bluse aus Rohseide oder aus Rohbaumwolle – sollte man ein Waschpulver verwenden, das keine optischen Aufheller enthält (s. Aufschrift auf der Waschmittelpackung). So bleibt dann die Naturfarbe besser erhalten.

Pflegen und Pflegemittel

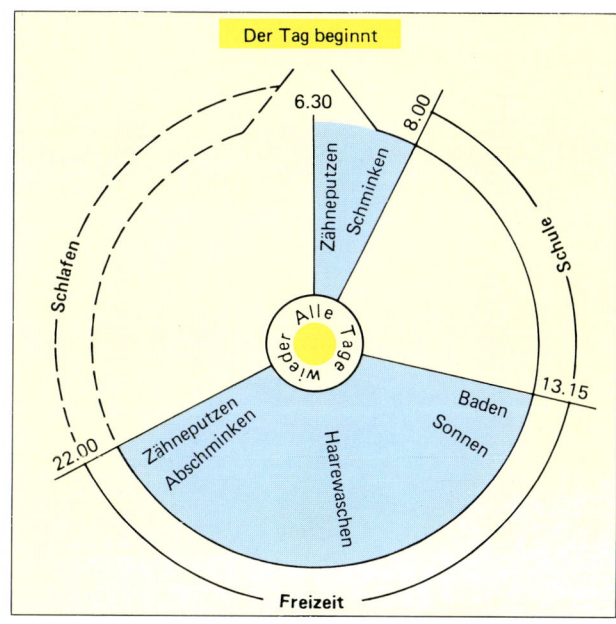

Der Tag beginnt

6.30

8.00

Zähneputzen

Schminken

Schule

Schlafen

Alle Tage Wieder

13.15

Baden

Sonnen

22.00

Zähneputzen

Abschminken

Haarewaschen

Freizeit

Abb. 25

Pflegen heißt etwas fürsorglich und sorgfältig behandeln. Es soll erreicht werden, daß etwas gut und möglichst lange erhalten wird, daß es geschont wird.

Auch das Waschen dient der Pflege; Reinigen ist immer auch Pflege. Darüber hinaus sind Waschmittel so zusammengesetzt, daß weitere Pflegewirkungen erreicht werden. Das zeigen die folgenden Beispiele: Seife muß hautverträglich, muß hautfreundlich sein. Feinwaschmittel sollen die Faserstruktur und die Farbe der Wäsche besonders schonen. Mittel zum Reinigen von Geschirr dürfen dessen Oberfläche

nicht angreifen, dürfen beispielsweise keine Kratzer verursachen.

Pflegemittel sollen also schonend wirken. Und zudem sollen sie die Schönheit von etwas unterstreichen oder erhöhen. Dabei spielen z.B. der Duft und die Farbe eine wichtige Rolle. Man denke nur an Rasierwasser, Hautcreme, Lippenstift, Make-up usw.

Von den vielen Pflegemitteln sollen hier (s. Experiment 10 bis 15) nur einige untersucht werden – nämlich: Shampoo, Zahnpasta, Lippenstift, Sonnenöl, Hautcreme und Schuhcreme.

Untersucht ist vielleicht nicht ganz richtig. Es geht darum, die genannten

35

Pflegemittel selber herzustellen. Ob die selbstgemachten Produkte ihren Zweck erfüllen, das läßt sich am einfachsten prüfen, wenn man sie anwendet, sie benutzt.

Experiment 10:
Shampoo reinigt und pflegt das Haar –
Herstellung von Shampoo

Ich überlege:
Wenn ich meine Haare wasche, dann will ich sie reinigen und pflegen: Ich will Staub, Schuppen und Fett entfernen. Ich möchte aber auch, daß mein Haar wieder geschmeidig (weich, nicht brüchig) und glänzend wird.

Ich benötige:
- 1 Waage
- 1 Glas
- 5 g weiße Schmierseife (Silberseife)
- 1 Meßzylinder
- 10 ml destilliertes Wasser
- 1 Holzspatel
- 10 ml Glycerin
- 1 Eigelb
- Parfümöl (z. B. Lavendelöl)

Ich experimentiere:
Auf der Waage wiege ich in ein Glas 5 g weiße Schmierseife ein, messe im Meßzylinder 10 ml destilliertes Wasser ab und gebe es dazu. Mit einem Holzspatel rühre ich so lange, bis die Seife sich völlig mit dem Wasser zu einem Schaum vermischt hat.
Ich messe 10 ml Glycerin ab und verrühre dieses mit dem Seifenschaum. Anschließend gebe ich ein Eigelb hinzu und rühre erneut gut durch. Zum Schluß parfümiere ich die Mischung mit einem Duftstoff, z. B. Lavendelöl. Wenn die

Mischung zu steif ist, kann ich sie mit destilliertem Wasser verdünnen.

Ich beobachte:

Ich komme zu folgendem Ergebnis:

Beobachtung:
Wenn man die Schmierseife nicht völlig mit dem destillierten Wasser verrührt, bleiben Seifenrückstände, und man erhält keine glatte Masse.

Ergebnis:
Es ist ein hellgelbes, dickflüssiges Ei-Shampoo entstanden (Abb. 26 unten).

36

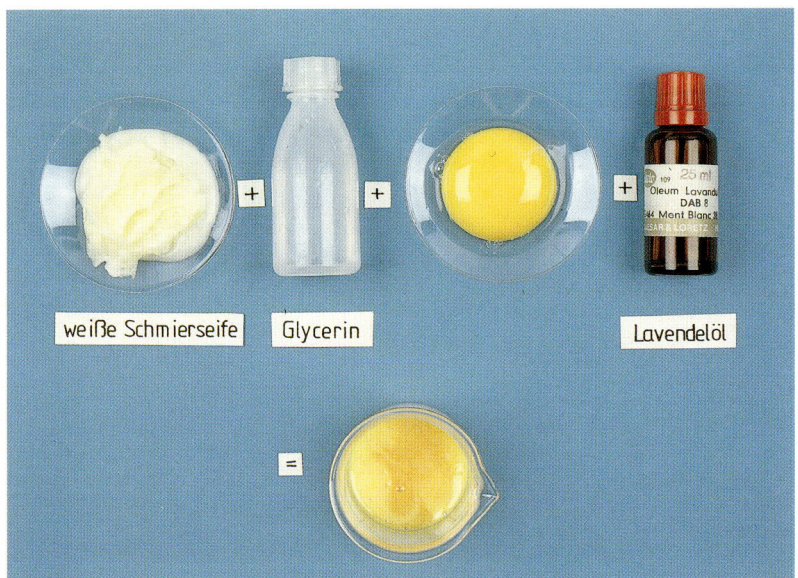

Abb. 26

Erklärung:
Der wichtigste Grundstoff für das Shampoo ist die *waschaktive Substanz,* nämlich die Seife. Ihre schmutz- und fettlösende Wirkung wurde bereits erklärt (s. Experiment 6). Das Eigelb gibt dem Haar Geschmeidigkeit und Glanz.

Experiment 11:
Zahnpasta reinigt und pflegt die Zähne – Herstellung von Zahnpasta

Ich überlege:
Wenn ich meine Zähne putze, dann will ich sie von Speiseresten und Belägen reinigen und so pflegen, daß sie schön (strahlend weiß) und gesund bleiben und daß Mundgeruch und Entzündungen verhindert werden.

Zum Putzen meiner Zähne nehme ich eine Bürste, Zahnpasta und Wasser. Die Bürste unterstützt den Reinigungsvorgang mechanisch. Welche Stoffe in der Zahnpasta enthalten sind, ist oft, aber nicht immer auf der Verpackung angegeben. Da ich die Zahnpasta in den Mund nehme, dürfen die Stoffe nicht gesundheitsschädlich sein, und die Zahnpasta sollte nicht unangenehm schmecken.

Ich benötige:
- 1 Waage
- 1 Glas
- 40 g Schlemmkreide (Calciumcarbonat)
- 10 g weiße Schmierseife (Silberseife)
- 1 Rührstab
- 1 Glas

– 10 g Glycerin
– 1 g Pfefferminzöl
– 1 Meßzylinder
– Wasser

Ich experimentiere:
Auf einer Waage wiege ich in ein Glas
40 g Schlemmkreide und 10 g weiße
Schmierseife ein. Mit einem Rührstab
vermische ich beide Substanzen zu
einer Paste.
Dann wiege ich in ein Glas 10 g Glycerin
und 1 g Pfefferminzöl ein und gebe beides zu der Paste. Unter ständigem Rühren gieße ich aus dem Meßzylinder so
viel Wasser hinzu, bis die Paste cremig
ist. Ich benötige etwa 5 ml Wasser.

Ich beobachte:

Ich komme zu folgendem Ergebnis:

Abb. 27

Beobachtung:
Die unterschiedlichen Substanzen lassen sich gut miteinander vermischen.

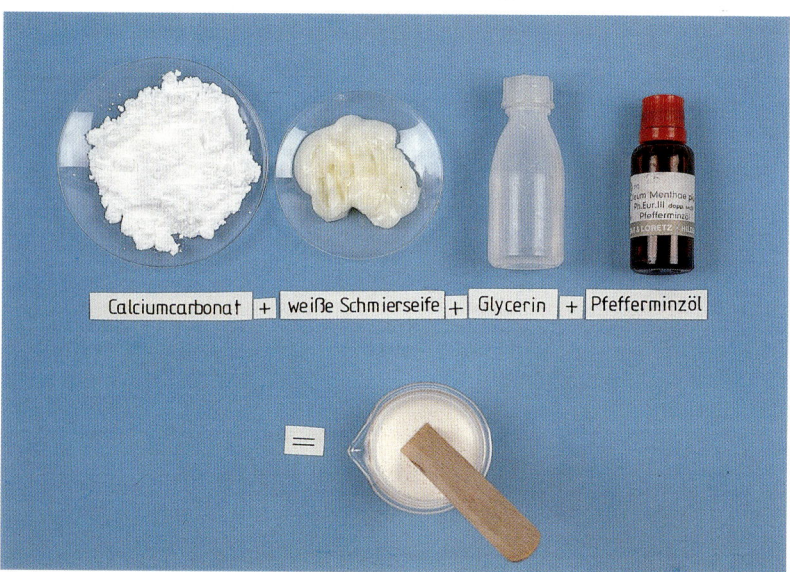

Calciumcarbonat + weiße Schmierseife + Glycerin + Pfefferminzöl

Ergebnis:
Es ist eine cremige, weiße Masse entstanden: Zahnpasta (Abb. 27 unten).

Erklärung:
Die wichtigste Substanz einer Zahnpasta ist das *Poliermittel.* Das ist in diesem Experiment die Schlemmkreide; früher bestand Zahnpulver nur aus Schlemmkreide. Die Poliermittel wirken in Verbindung mit der Zahnbürste mechanisch. Sie sollten möglichst feinkörnig sein, damit sie den Zahnschmelz nicht beschädigen.

Da die Schlemmkreide eine feste Substanz ist, muß sie dauerhaft in einem flüssigen Stoff verteilt werden. Das geschieht in dem Glycerin. Es suspendiert die Schlemmkreide. Eine *Suspension* ist eine Mischung von festen Teilchen in einer Flüssigkeit.

Die Seife bewirkt beim Zähneputzen eine chemische Reinigung. Sie benetzt die Teilchen der Schlemmkreide, die Zahnoberflächen und die Speisereste im Mund. So hilft sie, Fremdstoffe zu entfernen.

Das Pfefferminzöl wird wegen des besseren Geschmacks zugesetzt. Gleichzeitig wirkt es auch *antiseptisch;* das heißt, es vernichtet Krankheitskeime und verhindert ihr Entstehen.

Experiment 12:
Ein Stift pflegt und verschönert die Lippen – Herstellung von Lippenstift

Ich überlege:
Soll der Lippenstift die Lippen pflegen, so benötige ich Fette. Soll er die Lippen auch verschönern, brauche ich zusätzlich einen (roten) Farbstoff. Wichtig dabei ist, daß alle Substanzen absolut ungiftig sind.

Abb. 28

Ich benötige:
- 2 kleine Bechergläser
- 1 Waage
- 15 g bunte Zuckerstreusel
- 1 Meßzylinder
- 5 ml Wasser
- 5 ml Alkohol (Weingeist)
- 1 Rührstab
- 1 Spatel (oder 1 Messer)
- Weinsäure
- 3 weiße Wollfäden (100% reine Schurwolle)
- 1 Wärmequelle (Brenner mit Zubehör oder Heizplatte)
- 1 kleines Becherglas
- 20 ml Alkohol
- 1 kleines Becherglas
- 10 ml Wasser
- Hirschhornsalz
- 2 Bechergläser, die gut ineinander passen (für ein Wasserbad)
- 5 g Bienenwachs (farblos)
- 3 g Kakaobutter
- 2 g Lanolinanhydrid
- 1 kleines Becherglas
- 10 g süßes Mandelöl
- 2 Reagenzgläser
- 1 Gefrierschrank
- 1 Tuch oder Lappen
- 1 Hammer

Ich experimentiere:

Gewinnung eines roten Lebensmittelfarbstoffes

1. In ein kleines Glas wiege ich 15 g Zuckerstreusel ein, übergieße sie mit 5 ml Wasser und mit 5 ml Alkohol und rühre kräftig mit dem Rührstab. Die überstehende Lösung gieße ich vorsichtig von den Streuseln ab in das zweite Glas.

Ich beobachte:

_____

_____

_____

_____

_____

_____

2. Mit der *Fadenmethode* befreie ich nun den Farbstoff vom Zucker der Streusel:

Zunächst gebe ich in die erhaltene Lösung eine Spatelspitze Weinsäure und dann die drei Wollfäden und rühre um. Anschließend erhitze ich die Mischung 15 Minuten. Sie darf nicht sieden. (Alkoholdämpfe entzünden sich schnell. Beim Erhitzen mit offener Flamme ist besondere Vorsicht geboten!) Ich lasse die Mischung erkalten, nehme die Fäden heraus und spüle sie unter fließendem Wasser gründlich ab.

Nun gebe ich die Fäden in ein kleines Becherglas, übergieße sie mit 20 ml Alkohol und mit 5 ml einer gesättigten Hirschhornsalzlösung.

Diese stelle ich so her: In ein kleines Becherglas gebe ich etwa 10 ml Wasser

und dazu mit dem Spatel in kleinen Portionen Hirschhornsalz. Nach jeder Zugabe rühre ich gut um. Löst sich kein Salz mehr, so ist die Lösung gesättigt. Die Mischung aus Alkohol und Hirschhornsalzlösung mit den Fäden erhitze ich etwa 5 Minuten so, daß sie nicht zum Sieden kommt (s. l.). Dann lasse ich sie erkalten und nehme die Fäden heraus.

Ich beobachte:

_____

_____

_____

_____

_____

_____

_____

_____

Herstellung des Lippenstiftes

Zunächst stelle ich ein Wasserbad her (Abb. 29). Dazu nehme ich ein Becherglas und fülle es etwa zu einem Drittel mit Wasser. Dann nehme ich ein zweites, kleineres Becherglas (es muß in das mit dem Wasser hineingestellt werden können) und wiege in dieses Glas die Zutaten für den Lippenstift ein:

5 g Bienenwachs, 3 g Kakaobutter und 2 g Lanolinanhydrid. Sodann stelle ich das Glas mit den Zutaten in das Glas mit dem Wasser.

Auf dem Brenner bringe ich im Wasserbad die drei Substanzen zum Schmelzen. Danach messe ich 10 g Mandelöl ab, gebe es in ein kleines Becherglas, füge 5 ml der roten Farbstofflösung (s. Punkt 1 und 2) hinzu, verrühre beides miteinander und gieße diese Lösung in die Schmelze im Wasserbad.

Anschließend fülle ich die Masse aus dem Wasserbad in die zwei Reagenzgläser etwa 5 cm hoch ein und lege diese für 15 Minuten ins Gefrierfach des Kühlschranks.

Danach nehme ich sie heraus, lege sie zwischen einen Lappen und zerschlage mit einem Hammer sehr vorsichtig das Glas. Kleine, am Lippenstift anhaftende Scherben kann ich leicht entfernen.

Ich beobachte:

Abb. 29

_____

_____

_____

_____

_____

Ich komme zu folgendem Ergebnis:

_____

_____

_____

_____

_____

_____

_____

_____

_____

_____

Beobachtung:

Abb. 30 zeigt: Die Zuckerstreusel werden durch Alkohol entfärbt. Es entsteht eine rote Lösung.

Abb. 31 zeigt: Weiße Schurwolle wird beim Erhitzen in der roten Farbstofflösung mit Weinsäure intensiv rot eingefärbt. Die Farbstofflösung wird dabei entfärbt.

Abb. 32 zeigt: Die rote Farbe läßt sich mit Alkohol und Hirschhornsalz wieder aus der Wolle herauslösen. Die Fäden werden entfärbt.

Abb. 30

Ergebnis:

Die Fette, das Öl und die Farbstofflösung ergeben eine feste, rote Masse, die zu einem Stift geformt werden kann: Lippenstift (Abb. 33, rechts unten).

Erklärung:

Das deutsche Lebensmittelgesetz erlaubt nur absolut ungiftige Zusätze, also auch nur absolut ungiftige Farbstoffe. Der Farbstoff der Zuckerstreusel ist folglich _ungiftig._

Auch Lippenstift darf keine gesundheitsschädlichen, giftigen Stoffe enthalten. Deshalb wird in diesem Experiment der aus den Zuckerstreuseln gewonnene rote Farbstoff zum Anfärben des Lippenstiftes genommen. Der in den Zuckerstreuseln – und auch in „Haribo-Stafetten" und in „Lakritz-Dragees" – enthaltene Farbstoff ist Erythrosin oder E 127.

Bei der Gewinnung der Farbstofflösung wird die _Fadenmethode_ angewendet, um den Farbstoff vom Zucker der Streusel zu befreien. Denn: Die Farbstofflö-

entfärbte
Zuckerstreusel   Farbstofflösung

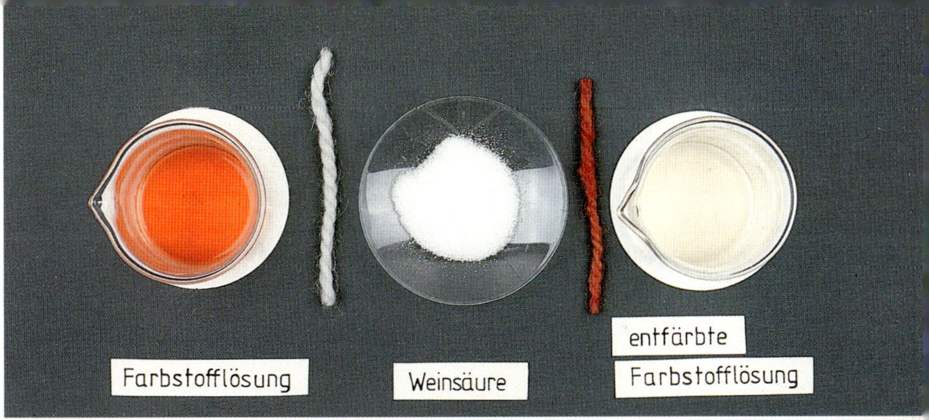

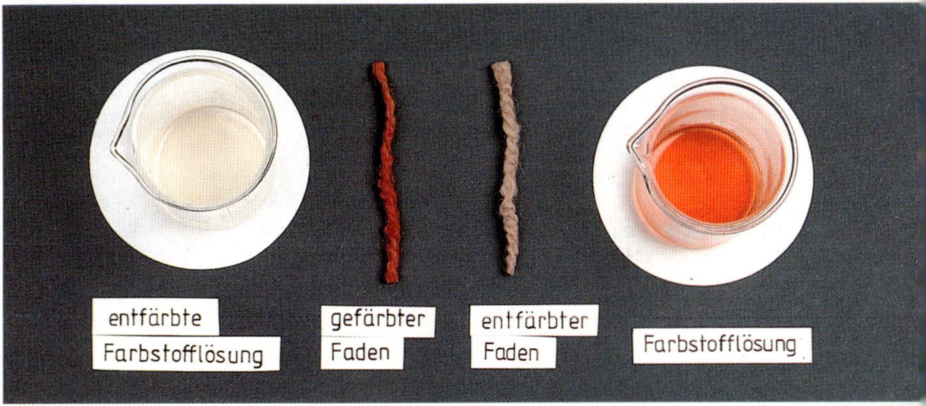

Farbstofflösung | Weinsäure | entfärbte Farbstofflösung

entfärbte Farbstofflösung | gefärbter Faden | entfärbter Faden | Farbstofflösung

Abb. 31 (oben)
Abb. 32 (Mitte)
Abb. 33 (unten)

sung enthält zunächst noch Zucker. Aus dem Wollfaden läßt sich der Farbstoff nicht mit Wasser herauslösen, wohl aber der Zucker. Unterläßt man das Herauslösen des Zuckers, dann schmeckt der Lippenstift süß.

Da die Grundsubstanzen für die Lippenstiftmasse ausschließlich Fette sind, muß die Farbstofflösung *fettlöslich* sein. Das ist hier der Fall. E 127 ist in Alkohol löslich. Die konzentrierte alkoholische Lösung läßt sich einwandfrei mit den Fetten vermischen.

Farbstoffkonzentrat + süßes Mandelöl

+ Bienenwachs + Lanolin

+ Kakaobutter =

Experiment 13:
Öl schützt die Haut vor Sonnenbrand – Herstellung von Sonnenöl

Ich überlege:
Ein Sonnenbrand ist eine unangeneh-me Sache. Ich schütze mich davor, in-dem ich die Haut mit einem Sonnen-schutzmittel – z. B. Sonnenöl – einreibe, ehe ich mich einer mehr oder minder starken Sonnenbestrahlung aussetze.

Ich benötige:
- 1 Waage
- 4 Gläser
- 10 g Sesamöl
- 10 g Avocadoöl
- 10 g reines Olivenöl
- 10 g Zitronensaft
- 1 Becherglas
- 1 Rührstab

Ich experimentiere:
Ich wiege in das erste Glas 10 g Sesam-öl, in das zweite 10 g Avocadoöl, in das dritte 10 g Olivenöl und in das vierte 10 g Zitronensaft ein. Dann schütte ich alle vier Substanzen in ein Becherglas und verrühre sie mit dem Rührstab.

Ich beobachte:

_____

_____

_____

_____

_____

Ich komme zu folgendem Ergebnis:

_____

_____

_____

_____

_____

Abb. 34

Avocadoöl   Olivenöl   Sesamöl

Beobachtung:
Die drei Öle lassen sich ohne Schwierigkeit miteinander vermischen. Durch den Zitronensaft wird die Mischung getrübt.

Ergebnis:
Ein durchscheinendes, leicht getrübtes Öl ist entstanden (Abb. 34 rechts).

Erklärung:
Alle drei verwendeten Öle ähneln in ihrer Beschaffenheit dem Hautfett. Sie pflegen also die Haut.
Die drei Öle besitzen einen natürlichen Lichtschutz, vor allem jedoch das Sesamöl. Streicht man das Sonnenöl auf die Haut auf, so bildet es einen einheitlichen Ölfilm. Dieser Film vermag einen Teil – und zwar den für die Haut gefährlicheren Teil – der ultravioletten Strahlen des Sonnenlichtes aufzunehmen (= zu *absorbieren*). Das Sonnenöl *filtriert* also die Sonnenstrahlen. Dadurch wird ein Sonnenbrand der Haut weitgehend verhindert.
Ein anderer Teil der ultravioletten Strahlen wird vom Film des Sonnenöls durchgelassen und bewirkt die Bräunung (= die *Pigmentierung*) der Haut.
Der Zitronensaft dient hauptsächlich zur Verfeinerung. Er gibt dem Öl einen angenehmen Duft und wirkt zudem günstig auf den Säuremantel der Haut.

Abb. 35

aber eine Creme, die für die Haut schädliche Stoffe enthält.

Experiment 14:
Fettcreme pflegt die Haut –
Herstellung einer Hautcreme

Ich überlege:
Will ich meiner Haut etwas Gutes tun, creme ich sie ein. Dazu nehme ich je nach Hauttyp eine fettende oder eine nicht fettende Creme. In keinem Fall

Ich benötige:
– 2 Bechergläser, die gut ineinander passen (für ein Wasserbad; s. Experiment 12)
– Wasser
– 1 Waage
– 2 g Kakaobutter
– 5 g weißes Bienenwachs
– 10 g Lanolinanhydrid (= wasserfreies Lanolin)

45

- 1 Wärmequelle (Brenner mit Zubehör oder Heizplatte)
- 1 kleines Glas
- 40 g Avocadoöl
- 1 kleines Becherglas
- 1 Spatel
- Borax
- 1 Meßzylinder
- 40 ml destilliertes Wasser
- 1 Rührstab
- 1 Cremetopf (oder ein verschließbares Gefäß)

Ich beobachte:

Ich experimentiere:

Ich fülle das größere der beiden Bechergläser zu einem Drittel mit Wasser. Dann wiege ich auf der Waage in das kleinere der beiden Bechergläser 2 g Kakaobutter, 5 g weißes Bienenwachs und 10 g Lanolinanhydrid ein.

Nun setze ich das Glas mit den Zutaten in das Glas mit dem Wasser. Ich stelle die beiden ineinandergesetzten Gläser auf die Wärmequelle und erwärme, bis die Substanzen geschmolzen sind.

Anschließend wiege ich in ein kleines Glas 40 g Avocadoöl ein und gieße es zu den Substanzen im Wasserbad. Ich erwärme weiter, bis eine klare Fettschmelze entstanden ist. Dann nehme ich das Wasserbad von der Wärmequelle herunter.

In ein weiteres kleines Becherglas gebe ich eine Spatelspitze Borax und 40 ml destilliertes Wasser, setze das Glas auf die Wärmequelle und erwärme, bis alles Borax gelöst ist.

Dieses Boraxwasser gieße ich in kleinen Portionen in die noch warme Fettschmelze und rühre mit dem Rührstab stetig und kräftig durch, bis die Boraxlösung ganz in die Fettschmelze eingearbeitet ist.

Ich rühre so lange weiter, bis die Masse erkaltet ist. Dann fülle ich sie in einen Cremetopf ab.

Ich komme zu folgendem Ergebnis:

Beobachtung:

Das Boraxwasser läßt sich in die warme Fettmischung gleichmäßig einarbeiten, wenn man kräftig rührt.

Ergebnis:

Es ist eine „gleichmäßige", weiße Creme entstanden (Abb. 36 unten).

Erklärung:

Fette sind hydrophobe, also *wasserfeindliche*, Substanzen. Wasser ist eine lipophobe, also *fettfeindliche*, Substanz. Zur Pflege der Haut benötigen wir beides, Fett und Wasser. Fette machen die Haut geschmeidig, und Wasser schützt die Haut, damit sie nicht zu trocken wird. Durch starkes Rühren wird das Wasser in den Fetten in feinste Tröpfchen verteilt, die mit dem bloßen Auge nicht zu erkennen sind. Es ist eine Emulsion – genauer: eine *Wasser-in-Öl-Emulsion* (W/O-Emulsion) – entstanden.

Borax dient als Konservierungsmittel. Deshalb wird es nur in geringer Menge zugesetzt. Es ist gut hautverträglich.

Abb. 36

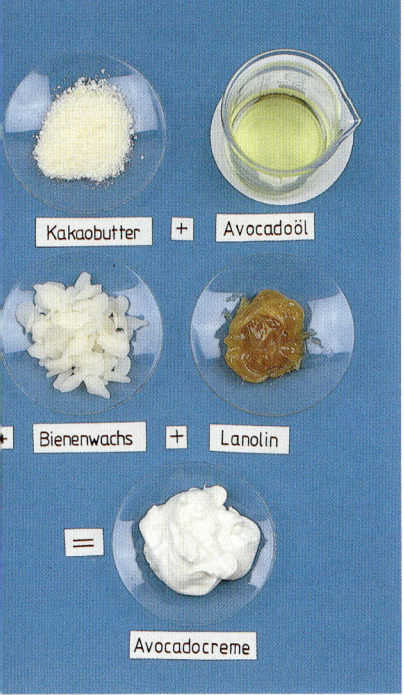

Experiment 15:
„Fettige" Stoffe helfen Leder pflegen – Herstellung von (farbloser) Schuhcreme

Ich überlege:

Meine Lederschuhe werden besonders stark strapaziert. Zum Reinigen und Pflegen nehme ich Schuhcreme: Sie hilft den Schmutz entfernen und hält das Leder geschmeidig (weich). Die Schuhcreme macht es außerdem wasserabstoßend, gibt ihm (neuen) Glanz, und sie frischt – wenn sie einen Farbstoff enthält – die Farbe des Leders wieder auf.

Ich benötige:

- 1 Becherglas (oder 1 kleinen Topf)
- 1 Waage
- 5 g weißes Bienenwachs
- 5 g Paraffinöl
- 1 Heizplatte (keinen Brenner!)
- 1 Unterlage (hitzebeständig)
- 1 kleines Glas
- 30 g Terpentinöl
- 1 Schutzbrille
- 1 Rührstab

Ich experimentiere:

In das Becherglas wiege ich 5 g Bienenwachs und 5 g Paraffinöl ein. Auf der Heizplatte erwärme ich das Becherglas mit den Substanzen, bis das Bienenwachs geschmolzen ist.

Ich nehme das Glas von der Heizplatte und setze es auf eine hitzebeständige Unterlage.

In ein kleines Glas wiege ich 30 g Terpentinöl ein, setze die Schutzbrille auf und gieße das Terpentinöl langsam in die Mischung aus Bienenwachs und Paraffinöl.

Dabei rühre ich kräftig mit dem Rührstab.

Anschließend lasse ich die Mischung abkühlen.

Ich beobachte:	Ich komme zu folgendem Ergebnis:
_____	_____
_____	_____
_____	_____
_____	_____
_____	_____
_____	_____

Abb. 37

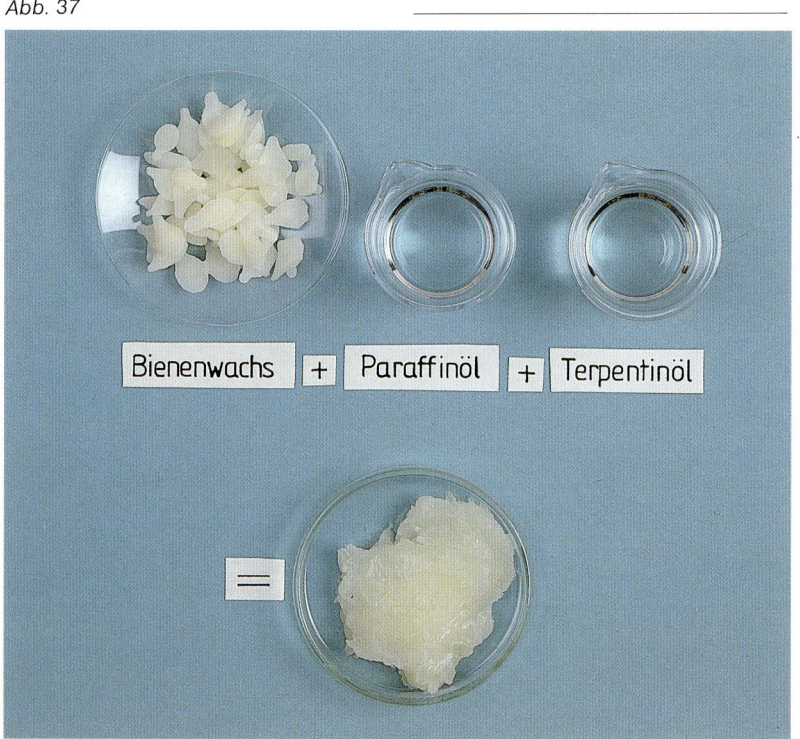

Beobachtung:
Die Lösung erkaltet zu einer cremigen Masse.

Ergebnis:
Es ist eine leicht gelblich gefärbte Creme entstanden (Abb. 37 unten).

Erklärung:
Die Schuhcreme setzt sich aus zwei Arten von Grundsubstanzen zusammen: aus zwei Fetten (nämlich einem *natürlichen* Fett, dem Bienenwachs, und einem *mineralischen* Fett, dem Paraffinöl) und aus einem Lösungsmittel, dem Terpentinöl.
(Zur Unterscheidung von natürlichen und mineralischen Fetten und Ölen s. Experiment 19.)
Vermischt man die Fette und das Lösungsmittel, so entsteht eine cremige Masse, die gut auf das Leder aufgetragen werden kann. Das Lösungsmittel verdunstet, und das Fett bleibt auf dem Leder zurück. Es hält das Leder geschmeidig und macht es wasserabstoßend. Durch Bürsten entsteht auf dem Leder ein schöner Glanz.

Ernährung – Nahrungsmittel – Nährstoffe

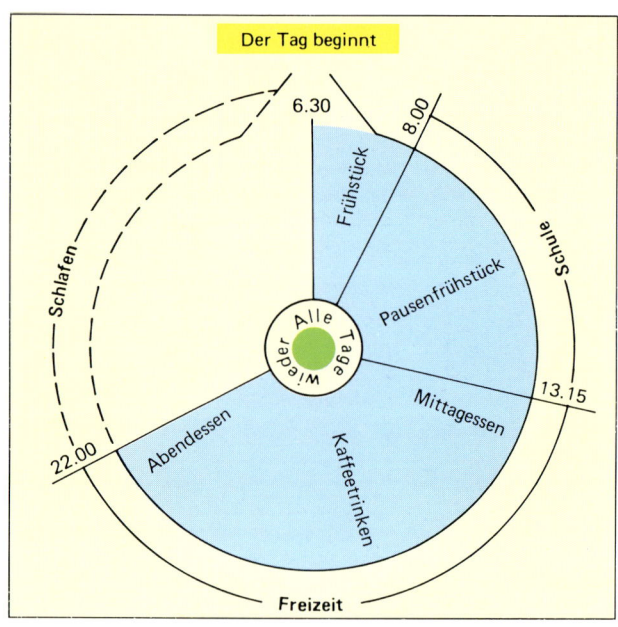

Der Tag beginnt

6.30
8.00
Frühstück
Pausenfrühstück
Schule
Alle Tage wieder
13.15
Mittagessen
Schlafen
22.00
Abendessen
Kaffeetrinken
Freizeit

Abb. 38

Um am Leben zu bleiben, müssen wir uns ernähren. Um gesund zu bleiben, müssen wir uns auch richtig ernähren. Unserer Ernährung dienen die Lebens- und Nahrungsmittel. Deren gibt es viele, bei uns sogar zu viele, anderswo zu wenig. Während wir darauf bedacht sind, schlank zu bleiben oder wieder zu werden und manchmal aus bloßer Genußsucht nicht mehr wissen, was wir essen sollen, herrscht anderswo bittere Not, werden anderswo Menschen krank oder sterben sogar vor Hunger. Sicher, das Essen soll auch möglichst gut schmecken. Und ein festliches Essen – leckere Sachen, appetitlich zu-

bereitet und schön serviert – ist ohne Zweifel auch ein Genuß. Wichtiger aber ist, daß wir uns richtig ernähren. Das heißt, die Nahrung muß die lebensnotwendigen Nährstoffe in erforderlicher Menge enthalten.

Abb. 39 zeigt, wie hoch der Tagesbedarf an wichtigen Nährstoffen für Kinder im Alter von 10 bis 14 Jahren und für Erwachsene in etwa ist. In etwa – das will sagen: Bei den Eiweißen kommt es auch auf das Körpergewicht an. Bei den Fetten und den Kohlenhydraten spielt auch eine Rolle, wie groß der Energiebedarf tatsächlich ist. Wenn man z.B. körperlich schwer gearbeitet oder beim

Sport ganz ausgiebig trainiert hat, dann hat man einen größeren Hunger. (Abb. 39 zeigt den Tagesbedarf an Eiweiß, Fett und Kohlenhydraten in Gramm an. Der Tagesbedarf an Energie wird aber häufig auch in Kalorien ausgedrückt. Die neue Bezeichnung für Kalorien ist Joule: 1 cal entspricht 4,1868 J.)

Die Abbildung enthält aber noch weitere Informationen: Sie nennt als lebensnotwendige Nährstoffe Eiweiß, Fett und Kohlenhydrate, und sie sagt auch, in welchen Nahrungsmitteln u. a. sie enthalten sind. Neben den genannten

Abb. 39: aus Bundeszentrale für gesundheitliche Aufklärung, Köln: Curriculum Ernährung. Unterrichtseinheit: Grundtatsachen einer vollwertigen Ernährung, Stuttgart, Klett, 1976, Folie 2 a, b und c.

Nährstoffen gibt es aber auch noch andere – nämlich Vitamine und Mineralstoffe (= Spurenelemente). Außerdem braucht man zur Ernährung und damit zum Leben Wasser. Und schließlich sind in bestimmten Nahrungsmitteln auch noch Ballaststoffe – z. B. Cellulose – enthalten, die der Mensch zwar nicht verdauen kann, die aber für den Verdauungsvorgang trotzdem wichtig sind. Die folgenden Experimente (16 bis 30) befassen sich nur mit Eiweiß, Fetten und Ölen, Kohlenhydraten und Vitaminen. Und auch dabei kann keineswegs auf alle und alles eingegangen werden. Deshalb ist eine Auswahl getroffen worden.

Sinnvoll wäre es, jeden der genannten Nährstoffe unter folgenden Gesichtspunkten zu untersuchen:

● Zusammensetzung (durch Elementaranalyse),

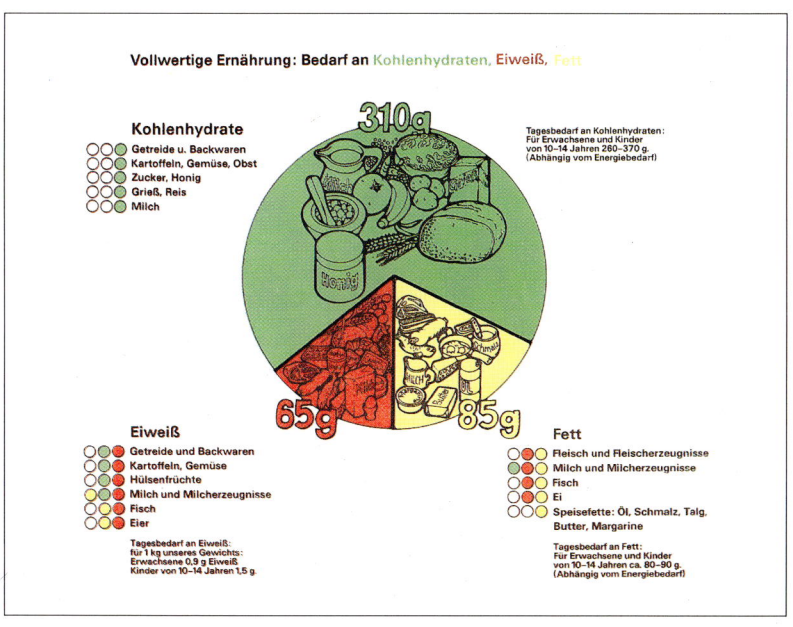

● Nachweis (des Nährstoffes in Nahrungsmitteln),
● Eigenschaften,
● Gewinnung oder Herstellung und
● Abbau (bei der Verdauung).

Das ist grundsätzlich auch in der Schule möglich, aber nicht in jedem Fall mit relativ einfach durchzuführenden Experimenten. Deshalb ist auch hier eine Auswahl getroffen worden.

Experiment 16: Zerlegung von Eiweiß – Elementaranalyse

Ich überlege:
Eiweiß ist in vielen Lebensmitteln enthalten. Woraus besteht es?

Ich benötige:
– 1 Reagenzglas
– 1 Spatel
– Eiweißpulver, z.B. selbsthergestellt, indem ich Eiklar auf einem Teller eintrocknen lasse.
– 1 Brenner (und Streichhölzer/ Feuerzeug)
– 1 Reagenzglasklammer
– 1 Streifen Indikatorpapier, z.B. selbsthergestellt, indem ich einen Streifen weißes Löschpapier in Rotkohlsaft tauche.
– Wasser
– 1 Silberlöffel oder ein anderes Silberbesteckteil (es genügen auch versilberte Teile)

Ich experimentiere:
1. Ich nehme ein Reagenzglas und fülle es etwa 1 cm hoch mit Eiweißpulver. Nun entzünde ich den Brenner und stelle eine kleine, nicht leuchtende Flamme ein. Dann fasse ich das Reagenzglas mit der Klammer und halte es vorsichtig einige Minuten in die Flamme.

Ich beobachte:

_____

_____

_____

_____

_____

_____

2. Ich nehme einen Streifen Indikatorpapier, feuchte ihn mit Wasser an und halte ihn an die Öffnung des Reagenzglases, während ich weiter erhitze.

Ich beobachte:

_____

_____

_____

_____

_____

_____

_____

3. Anschließend halte ich den Silberlöffel an die Öffnung des Reagenzglases.

Ich beobachte:

Abb. 40

Ich komme zu folgendem Ergebnis:

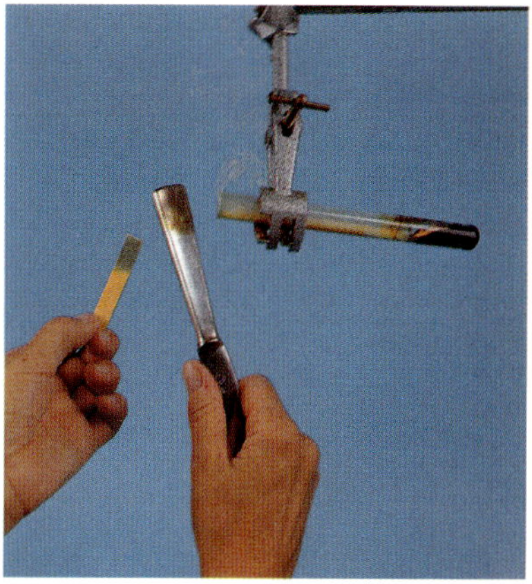

Beobachtung:
Das Eiweißpulver färbt sich beim Erhitzen langsam dunkel. Es entweichen Dämpfe. Sie riechen unangenehm, beschlagen die Innenwand des Reagenzglases und färben das Indikatorpapier blau. Sie schwärzen das Silber (Abb. 40).

Ergebnis:
Das Eiweißpulver enthält folgende Grundstoffe: Kohlenstoff, Sauerstoff, Wasserstoff, Stickstoff und Schwefel (s. Erklärung).

Erklärung:
Eiweiß (= *Protein*) gehört zu den organischen Nährstoffen; das heißt, es enthält Grundstoffe (= *Elemente*), die auch unser Organismus enthält. Die Elemente im Eiweiß sind: Kohlenstoff, Sauerstoff, Wasserstoff, Stickstoff und Schwefel. Wie werden diese Elemente im Experiment nachgewiesen?
Reiner Kohlenstoff (z. B. Ruß) sieht schwarz aus. Der Rückstand im Reagenzglas ebenfalls. Daraus ist zu schließen: Das Eiweißpulver enthält Kohlenstoff.

Sauerstoff und Wasserstoff sind die Elemente, aus denen Wasser besteht. An der Innenwand des Reagenzglases hat sich deutlich sichtbar Wasser gebildet. Also müssen in dem Eiweißpulver Sauerstoff und Wasserstoff enthalten sein. Im Eiweiß ist Stickstoff mit einem Anteil von 15 bis 18 Prozent enthalten. Beim Erhitzen entweicht er in Form von Ammoniak, das mit dem Wasser des angefeuchteten Indikatorpapiers eine Lauge bildet. Die Blaufärbung des Indikatorpapiers zeigt die Lauge und damit in diesem Falle das Vorhandensein von Stickstoff im Eiweiß an.

Der Silberlöffel wird von den Zersetzungsdämpfen des Eiweißpulvers geschwärzt; er „läuft an". (Wie man „angelaufenes" Silber auch wieder glänzend bekommt, wird in Experiment 40 beschrieben.) Die entweichenden Dämpfe enthalten Schwefelwasserstoff. Dieser reagiert mit dem Silber des Löffels zu schwarzem Silbersulfid. Das „angelaufene" Silber ist also eine Verbindung aus Silber und Schwefel. Eiweiß enthält folglich Schwefel.

Experiment 17:
Nachweis von Eiweiß

Ich überlege:
Eiweiß ist ein sehr wichtiger Bestandteil unserer täglichen Nahrung. Wie kann ich feststellen, in welchen Lebensmitteln Eiweiß enthalten ist?

Ich benötige:
– 1 Ei
– 2 Gläser
– 100 g Hackfleisch (vom Rind oder Schwein)
– 1 Glas (oder 1 Schüssel)
– Wasser
– 1 Rührstab
– 1 feines Sieb
– 1 Glas
– 3 Eiweißteststreifen.

Teststreifen zum Nachweis von Eiweiß (=*Protein*) bekomme ich in der Apotheke.

Mit solchen Teststreifen lassen sich zumeist mehrere Werte – etwa der Eiweißwert und der pH-Wert im Urin – nachweisen. Auf dem Teststreifen ist für jeden Wert ein Feld mit einer bestimmten Farbgebung (= *Reaktionszone*) aufgeklebt. Kommt der Teststreifen mit dem Urin in Berührung, dann verändert sich die Farbe der Felder nicht, wenn der Test negativ verläuft. Eine Farbveränderung zeigt einen positiven Testverlauf an.

Auf dem Behälter der Teststreifen ist für jeden Wert eine Farbskala angebracht. Sie gibt an, was die Farbveränderungen im einzelnen besagen.

Ich experimentiere:
Ich nehme das Ei und zwei Gläser und trenne das Eiklar vom Dotter. Das Glas mit dem Dotter stelle ich beiseite. (Den Dotter benötige ich nicht. Vielleicht kann ich ihn anderweitig verwerten, ihn beispielsweise – mit Zucker verrührt oder sonstwie zubereitet – essen.)

Nun gebe ich das Hackfleisch in ein Glas und übergieße es so mit Wasser, daß das Fleisch gut bedeckt ist. Dann rühre ich kräftig mit dem Rührstab und gieße den wäßrigen Auszug durch das Sieb in ein Glas.

Anschließend nehme ich einen Eiweißteststreifen und tauche ihn ein paar Sekunden in das Glas mit dem Eiklar. Beim Herausnehmen streife ich das überschüssige Eiklar am Glasrand ab. Den

Teststreifen lege ich zur Seite. Sodann tauche ich einen zweiten Teststreifen einige Sekunden in das Glas mit dem wäßrigen Auszug des Hackfleisches. Danach lege ich den Teststreifen neben den ersten.

Ich nehme einen dritten Teststreifen, lege ihn neben die beiden anderen und vergleiche die drei Teststreifen miteinander und mit der Skala auf dem Behälter der Teststreifen.

Ich beobachte:

_____

_____

_____

_____

_____

_____

_____

_____

_____

_____

Ich komme zu folgendem Ergebnis:

_____

_____

_____

_____

_____

_____

_____

Beobachtung:
Der Vergleich der beiden Teststreifen, die in das Eiklar und in den wäßrigen Fleischauszug eingetaucht worden sind, mit dem unbenutzten Teststreifen zeigt, daß die auf den Streifen für den Eiweißnachweis aufgeklebten Felder bei den beiden benutzten Streifen sich blaugrün verfärbt haben (Abb. 41, s. S. 56).

Der Vergleich der beiden benutzten Teststreifen mit der auf dem Behälter der Teststreifen aufgedruckten Skala läßt erkennen, daß das Eiklar mehr Eiweiß enthält als der wäßrige Fleischauszug.

Ergebnis:
Eiklar und Fleisch enthalten Eiweiß – und zwar, wie die unterschiedliche Verfärbung der Teststreifen anzeigt, in unterschiedlicher Menge.

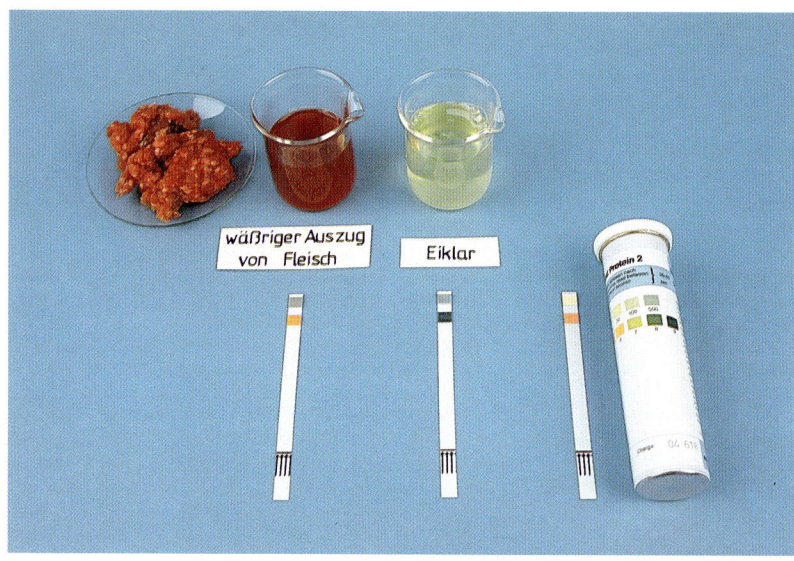

Abb. 41

Erklärung:
Eiklar enthält *Eiweiß*, und zwar Hühnereiweiß. Das ist bekannt. Daß auch Fleisch Eiweiß enthält, läßt sich mit dem Teststreifen *nachweisen*.
In dem wäßrigen Fleischauszug sind die wasserlöslichen Eiweiße von Fleisch enthalten. Daneben aber enthält Fleisch auch noch Eiweiße, die nicht in Wasser löslich sind.

Experiment 18:
Eine typische Eigenschaft
von Eiweiß: Eiweiß gerinnt

Ich überlege:
Wenn ich ein Ei koche und brate, wird das Eiklar (und auch der Dotter) fest. Wenn Milch sauer wird, ist sie flockig.

Wenn ich mich verletzt habe, verkrustet nach einiger Zeit das Blut an der Oberfläche der Wunde. Ich kann auch sagen: Eiklar, Milch und Blut gerinnen.

Ich benötige:
- 1 Waage
- 1 Becherglas
- 15 g Kochsalz
- 1 Meßzylinder
- 150 ml Wasser
- 1 Rührstab
- 1 Ei
- 2 Gläser
- 4 Reagenzgläser
- 1 Reagenzglasständer (oder 1 Glas)
- 1 Brenner (und Streichhölzer/ Feuerzeug)
- 1 Reagenzglasklammer (oder eine Wäscheklammer aus Holz)
- Tafelessig
- Alkohol (Weingeist)
- 1 kleines Glas
- 1 g Kupfersulfat
- 10 ml Wasser

Ich experimentiere:

Herstellung einer salzhaltigen Eiklarlösung

Eiklar enthält verschiedene Eiweißstoffe. In salzhaltigem Wasser lösen sich einige davon besonders gut. Deshalb stelle ich zunächst eine salzhaltige Eiklarlösung her: Auf der Waage wiege ich in das Becherglas 15 g Kochsalz ein. In dem Meßzylinder messe ich 150 ml Wasser ab und gebe es zu dem Kochsalz in dem Becherglas. Ich rühre mit dem Rührstab, bis sich das Salz gelöst hat.

Sodann nehme ich das Ei und zwei Gläser und trenne Eiklar und Dotter. Das Glas mit dem Dotter stelle ich beiseite. (Den Dotter benötige ich nicht. Ich versuche, ihn anderweitig zu verwerten). Das Eiklar gebe ich in die Salzlösung und rühre durch.

Ich beobachte:

Gerinnungsversuche

1. Das erste Reagenzglas fülle ich mit salzhaltiger Eiklarlösung halbvoll. Ich stelle es in den Reagenzglasständer. Nun entzünde ich den Brenner, befestige das Reagenzglas in der Klammer, halte es vorsichtig in die Flamme und erhitze die Eiklarlösung wenige Minuten. Dann stelle ich das Reagenzglas in den Ständer.

Ich beobachte:

---

2. In das zweite Reagenzglas gebe ich etwa 3 cm hoch Eiklarlösung und füge die gleiche Menge Tafelessig hinzu. Dann schüttle ich kräftig durch und stelle das Reagenzglas zu dem ersten in den Ständer.

Ich beobachte:

---

3. Das dritte Reagenzglas fülle ich ebenfalls 3 cm hoch mit Eiklarlösung und gebe die gleiche Menge Alkohol dazu. Ich schüttle durch und stelle das Glas zu den beiden ersten.

Ich beobachte:

---

4. Zunächst stelle ich eine Kupfersulfat-lösung her: In ein kleines Glas wiege ich 1 g Kupfersulfat ein, messe im Meßzylinder 10 ml Wasser ab und gieße dieses in das Glas zu dem Kupfersulfat. Ich rühre mit dem Rührstab um.
Das vierte Reagenzglas fülle ich auch 3 cm hoch mit Eiklarlösung. Von der Kupfersulfatlösung messe ich 5 ml im Meßzylinder ab und gieße sie zu der Eiklarlösung in das Reagenzglas. Ich schüttle durch und stelle das Reagenzglas zu den anderen.

Ich beobachte:

Ich komme zu folgendem Ergebnis:

Abb. 42

Beobachtung:
Die Eiklarlösung in allen vier Reagenzgläsern ist trübe. Es ist eine weiße, feste Substanz ausgeflockt (Abb. 42).

Ergebnis:
Eiweiß gerinnt, wenn ich es erhitze bzw. Essig oder Alkohol oder Kupfersulfat hinzugebe.

Erklärung:
Das Eiklar besteht aus mehreren Eiweißstoffen. Einige davon sind im Wasser und einige in verdünnter Kochsalzlösung löslich. (Die Eiklarlösung muß immer frisch angesetzt werden.)
Eine Temperatur von etwa 60 °C genügt, um Eiklar zum Gerinnen zu bringen. Es flockt aus (= *koaguliert*). Die Gerinnung kann nicht wieder rückgängig gemacht werden; deshalb spricht man von der *Denaturierung* von Eiweiß. Das Eiweiß in unserem Blut, also das Bluteiweiß, gerinnt schon bei einer Temperatur von 42 °C; deshalb ist hohes Fieber so gefährlich.
Die anderen Versuche sind Beispiele dafür, daß auch Säuren, konzentrierter Alkohol und Metallsalze Eiweiß gerinnen lassen. Übermäßiger Alkoholgenuß und Schwermetallverbindungen im Körper sind daher für den Menschen gefährlich.

Experiment 19:
Unterscheidung von natürlichen Fetten und Ölen und Mineralfetten und -ölen

Ich überlege:
Ich kenne eine ganze Reihe von Fetten und Ölen: Butter, Schmierfett, Schweineschmalz, Margarine, Rindertalg, Bienenwachs, Lebertran, Olivenöl, Fahrradöl, Motoröl, Erdöl, Mineralöl.
Fette und Öle unterscheide ich so, daß die einen fest und die anderen flüssig sind. Doch diese Unterscheidung trifft offensichtlich nicht ganz zu: Wenn ich

nämlich Fett erhitze, wird es zwar flüssig, aber es ist doch kein Öl. Wenn ich z. B. Speck ausbrate, tritt flüssiges Fett aus. Beim Erkalten wird es zu einer relativ festen Masse, dem Schmalz.
Die Fette und Öle, die ich kenne, lassen sich auch so unterscheiden, daß die einen von Pflanzen – z. B. Olivenöl – oder von Tieren – z. B. Butter – stammen und daß andere aus Erdöl oder Kohle gewonnen werden.
Von den genannten Fetten und Ölen sind die pflanzlichen und tierischen Fette als Nahrungsmittel geeignet. Doch auch hier gibt es Unterschiede. Manche sind gesünder als andere.

Ich benötige:
- 2 Erlenmeyerkolben (oder Bechergläser)
- 1 Meßzylinder
- 30 ml 10%ige Natronlauge
- 10 ml Alkohol
- Paraffinöl (z. B. Fahrradöl)
- Speiseöl
- 1 Schutzbrille
- 1 Wärmequelle (Brenner mit Zubehör oder Heizplatte)
- 1 Rührstab
- 1 Topflappen (oder etwas anderes zum Schutz der Hand)
- 1 hitzebeständige Unterlage
- 20 ml Wasser

Ich experimentiere:
Ich nehme die zwei Erlenmeyerkolben und gieße in jeden je 15 ml 10%ige Natronlauge und 5 ml Alkohol. In den ersten Kolben gebe ich dann noch 5 Tropfen Paraffinöl und in den zweiten 5 Tropfen Speiseöl.
Ich setze die Schutzbrille auf, zünde den Brenner an und bringe zunächst die Mischung im ersten Erlenmeyerkolben zum Sieden. Ich koche sie ein paar Minuten unter ständigem Rühren mit dem Rührstab (Vorsicht, Siedeverzug!), nehme dann den Topflappen und setze

das Glas auf die Unterlage. Genauso verfahre ich mit der Mischung im zweiten Erlenmeyerkolben.

Die Inhalte der beiden Kolben lasse ich ein wenig abkühlen, gieße dann in jeden je 10 ml Wasser und rühre mit dem Rührstab gut um.

Ich beobachte:

_____

_____

_____

_____

_____

_____

_____

Ich komme zu folgendem Ergebnis:

_____

_____

_____

_____

_____

_____

Beobachtung:
Der Inhalt im ersten Erlenmeyerkolben sieht unverändert aus. Das Paraffinöl schwimmt oben.

Der Inhalt im zweiten Kolben schäumt stark. Das Speiseöl ist nicht mehr sichtbar (Abb. 43).

Ergebnis:
Paraffinöl reagiert nicht mit Natronlauge. Das Speiseöl ist von der Natronlauge verseift worden. Die Seifenbildung ist am Schaum zu erkennen.

Erklärung:
Paraffinöl gewinnt man aus Erdöl und Kohle. Man bezeichnet es deshalb auch als _Mineralöl_. Speiseöl ist ein _pflanzliches Öl_. Pflanzliche und tierische Fette und Öle bezeichnet man als natürliche Fette und Öle. Im Unterschied zu den Mineralölen heißen die natürlichen Öle auch fette Öle.

Paraffinöl besteht aus einem Gemisch von Kohlenwasserstoffen, nämlich den Paraffinen. Es ist eine sehr stabile Verbindung. Der Name Paraffin ist abgeleitet vom lateinischen _parum affinis_ und soll ausdrücken, daß solche Verbindungen wenig geneigt sind, Reaktionen einzugehen. – Natürliche Fette und Öle bestehen aus zwei Grundverbindungen: den _Fettsäuren_ und dem _Glycerin_. Die Reaktion eines natürlichen Fettes (z.B. Palmin) mit Natronlauge zu einer Seife wurde bereits beschrieben (s. Experiment 1).

Mineralische Fette und Öle sind als Nahrungsmittel nicht zu verwenden.

Natürliche Fette und Öle sind Nahrungsmittel. Ihre Verbrennungswärme ist etwa doppelt so hoch wie die der Eiweißstoffe und der Kohlenhydrate. Sie liefern dem menschlichen und dem tierischen Organismus Energie, und sie werden im Körper gespeichert, wenn sie im Überschuß vorhanden sind. Sie sind also Energielieferanten und Ener-

Abb. 43

giespeicher. Als Speicherfett sind sie zugleich auch ein Wärmeschutz.

Die *Unterscheidung von Fetten und Ölen* ist nicht ganz einfach:

● Fette sind bei Zimmertemperatur weiche bis feste Substanzen, Öle sind bei Zimmertemperatur flüssig.

● Fette haben höhere Schmelz- und Siedepunkte als Öle.

● Mineralfette und -öle haben Kohlenstoff-Kohlenstoff-Einfachbindungen. Es sind gesättigte Verbindungen.

● Natürliche Fette haben eine (oder mehrere) Kohlenstoff-Kohlenstoff-Zweifachbindung(en), an die u.a. noch Wasserstoff angelagert werden kann. Es sind ungesättigte Verbindungen, sie enthalten ungesättigte (= *essentielle*) Fettsäuren – und zwar die natürlichen Öle mehr als die natürli-

chen Fette. Deshalb ist der Schmelz- und Siedepunkt der natürlichen Öle niedriger.

(Essentielle Fettsäuren müssen in der Nahrung enthalten sein, sonst können Mangelerkrankungen – z.B. Hautveränderungen, Nierenschäden usw. – auftreten.)

Experiment 20:
Unterscheidung von fetten Ölen und etherischen Ölen

Ich überlege:

Bei dem Wort *etherisch* denke ich an Ether. Ich weiß: Ether verflüchtigt sich sehr schnell und entzündet sich sehr leicht. Sind die etherischen Öle dem Ether ähnlich?

Ich benötige:

- 1 Blatt weißes Löschpapier
- 1 Pipette (oder 1 Glasstab)
- Speiseöl (z. B. Olivenöl)
- Backöl (= Bittermandelöl)
- Schale von einer unbehandelten (nicht gespritzten), frischen Zitrone
- Schale von einer unbehandelten, frischen Apfelsine

Ich experimentiere:

Auf ein Blatt Löschpapier tupfe ich mit der Pipette nebeneinander je 1 Tropfen Speiseöl und 1 Tropfen Backöl.

Dann nehme ich Zitronenschale und presse sie zwischen meinen Fingern so stark, daß Flüssigkeit austritt. Mit der Pipette sauge ich diese Flüssigkeit auf und trage sie auf das Löschpapier neben den anderen Flecken auf. (Ich kann die Flüssigkeit aus der Zitronenschale und aus der Apfelsinenschale auch direkt auf das Löschpapier träufeln). Mit der Orangenschale verfahre ich genauso.

Ich halte das Löschpapier gegen das Licht, lasse es dann 10 Minuten liegen und halte es anschließend wieder gegen das Licht.

Ich beobachte:

Ich komme zu folgendem Ergebnis:

Beobachtung:

Alle vier Flecke auf dem Löschpapier sind durchscheinend. Das zeigt an, daß es *Ölflecke* sind (Abb. 44).

Nach 10 Minuten ist nur noch der Speiseölfleck als durchscheinender Fleck zu erkennen.

Ergebnis:

Das Speiseöl hat sich nicht verflüchtigt. Das Backöl, das Zitronenöl und das Apfelsinenöl haben sich verflüchtigt.

Erklärung:

Alle vier verwendeten Öle sind *pflanzliche Öle*. Das Speiseöl ist ein *fettes Öl* (s. Experiment 19), während Bittermandelöl, Zitronenöl und Apfelsinenöl zu den *etherischen Ölen* gehören.

Von der chemischen Struktur her sind die fetten Öle und die etherischen Öle grundverschieden. Das zeigt auch das Experiment: Etherische Öle bewirken keine bleibenden Flecken auf dem Löschpapier. Sie verdunsten sehr schnell.

Das Wort *etherisch* ist von Ether abgeleitet. Etherische Öle verflüchtigen sich ähnlich schnell wie Ether. Sie werden deshalb auch *flüchtige Öle* genannt.

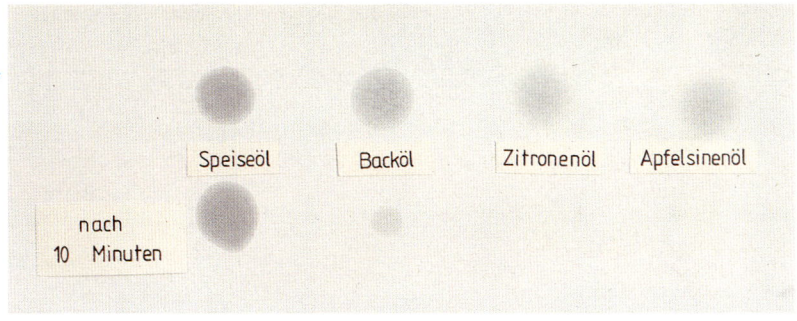

Speiseöl   Backöl   Zitronenöl   Apfelsinenöl

nach
10 Minuten

Abb. 44

Etherische Öle können aus Pflanzen –
z. B. Wurzeln, Blättern, Früchten – gewonnen werden; sie lassen sich aber
auch synthetisch herstellen. (*Synthetisch* – ein Wort, das aus dem Griechischen kommt – heißt, daß ein Stoff aus
seinen Bestandteilen künstlich zusammengesetzt, hergestellt wird.) Etherische Öle sind wichtige Aromastoffe unserer Nahrungsmittel. Sie beeinflussen
deren Geschmack und Geruch.

Experiment 21:
Zerlegung eines natürlichen Fettes – Elementaranalyse von Schweineschmalz

Ich überlege:
Fette gehören zu unserer täglichen
Nahrung. Welche Grundstoffe enthal-
ten sie?

Ich benötige:
- 1 Reagenzglas
-   Schweineschmalz
- 1 Brenner (und Streichhölzer/
    Feuerzeug)
- 1 Reagenzglasklammer

Ich experimentiere:
In das Reagenzglas gebe ich etwa 1 cm
hoch Schweineschmalz. Ich entzünde
den Brenner, befestige das Reagenzglas an der Reagenzglasklammer und
erhitze es einige Minuten lang kräftig in
der Flamme.

Ich beobachte:

_____

_____

_____

_____

_____

Ich komme zu folgendem Ergebnis:

_____

_____

_____

_____

Beobachtung:
Das Schmalz wird flüssig. Die Innen-
wand des Reagenzglases beschlägt.
Das Fett färbt sich dunkel (Abb. 45).

Ergebnis:
Das Schmalz besteht aus Wasserstoff,
Sauerstoff und Kohlenstoff.

Erklärung:
Das Beschlagen der Innenwand des
Reagenzglases deutet darauf hin, daß
sich Wasser gebildet hat. Wasser besteht aus Wasserstoff und Sauerstoff.
Wasserstoff und *Sauerstoff* sind folglich
Bestandteile von Fett. Die Schwarzfär-
bung zeigt Kohlenstoff an. *Kohlenstoff*
ist also ein weiterer Bestandteil von Fett.

Abb. 45

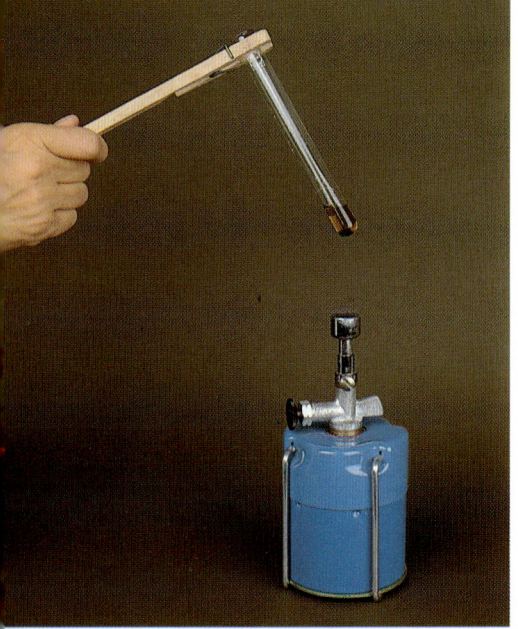

Experiment 22:
Die Fettfleckprobe –
Nachweis von Fett und Öl

Ich überlege:
Wenn Fett oder Öl an meine Kleidung
kommt, entsteht ein Fettfleck.

Ich benötige:
– 1 Mörser und 1 Pistill (oder eine
  Schüssel und einen Löffel)
– 1 Teelöffel
– gemahlene Haselnüsse
– 1 Glas
– 1 Meßzylinder
– 10 ml Benzin
– 1 Rührstab
– 1 Blatt weißes Papier
– Benzin

Ich experimentiere:
In den Mörser gebe ich einen Teelöffel
gemahlene Haselnüsse und zerdrücke
sie mit dem Pistill.
Dann nehme ich ein Glas, gebe die zer-
drückten Haselnüsse hinein, übergieße
sie mit 10 ml Benzin, rühre mit dem Rührstab um und lasse die Mischung etwa 1
Minute stehen. Anschließend nehme
ich mit dem Teelöffel etwas von der
Lösung und gebe es auf das Papier. Daneben tropfe ich Benzin.

Ich beobachte:

_____

_____

_____

_____

_____

Ich komme zu folgendem Ergebnis:

_____

_____

_____

_____

_____

_____

Beobachtung:
Das Benzin, das ich über die Haselnüsse gegossen habe, hat sich ein wenig getrübt.
Das auf das Papier aufgetragene getrübte Benzin bildet einen Fleck, der nach kurzer Zeit zwar kleiner wird, aber nicht völlig verschwindet.
Der von dem reinen Benzin gebildete Fleck verschwindet völlig.

Abb. 46

Ergebnis:
Der auf dem Papier zurückbleibende Fleck ist ein Fettfleck. Haselnüsse enthalten Öl (Abb. 46).

Erklärung:
Haselnüsse (wie alle Nüsse) enthalten Öl. Mit Benzin wird das Öl aus den Nüssen herausgelöst (= *extrahiert*). Damit dies gelingt, müssen die Nüsse gut zerkleinert werden. Auf dem Papier verteilt sich die Flüssigkeit. Das Benzin verdunstet, während das Öl als bleibender Fleck zurückbleibt.
Durch die Fettfleckprobe können Fette und Öle auch in anderen Lebensmitteln nachgewiesen werden, z. B. in Schokolade, in Milch, in (gekochtem) Eigelb und in Fleisch.

Experiment 23:
Löslichkeit von Fetten und Ölen

Ich überlege:
Fett und Öl schwimmen auf Wasser. Das kommt daher, daß sie leichter als Wasser sind.
Wenn ich einen Fett- oder Ölfleck auf meinem T-Shirt habe, kann ich ihn mit Wasser allein nicht entfernen. Mit einem Waschmittel gelingt es normalerweise (s. Experiment 5 und 6). Besonders hartnäckige Flecken behandle ich mit Benzin. (Dabei muß ich darauf achten, ob der Stoff eine solche Behandlung verträgt.)

Ich benötige:
- 3 Erlenmeyerkolben (oder kleine Gläser)
- 1 Meßzylinder
- 6 ml Speiseöl (z. B. Olivenöl)
- 15 ml Wasser
- 15 ml Brennspiritus (oder Alkohol)
- 15 ml Benzin
- 1 Rührstab

_____

_____

_____

Ich experimentiere:

_____

In die drei Erlenmeyerkolben gieße ich je 2 ml Speiseöl. Dann gebe ich in den ersten Kolben 15 ml Wasser, in den zweiten 15 ml Brennspiritus und in den dritten 15 ml Benzin. Mit dem Rührstab mische ich die Inhalte in den drei Kolben gut durch.

_____

Ich komme zu folgendem Ergebnis:

_____

Ich beobachte:

_____

_____

_____

_____

_____

Abb. 47

_____

66

Beobachtung:
Im ersten Kolben schwimmt das Öl auf dem Wasser. Das Wasser ist farblos.
Im zweiten Kolben schwimmt Öl auf dem Brennspiritus. Der Brennspiritus ist gelb gefärbt.
Im dritten Kolben ist kein Öl mehr zu erkennen. Das Benzin bzw. die Lösung aus Benzin und Öl ist intensiv gelb gefärbt (Abb. 47).

Ergebnis:
Öl löst sich nicht in Wasser, schlecht in Alkohol und gut in Benzin.

Erklärung:
Wasser, Alkohol und Benzin sind gebräuchliche *Lösungsmittel*. Da Fette und Öle teilweise ähnlich wie Benzine aufgebaut sind, lösen sie sich darin sehr gut.
Außerdem sind Fette und Öle ausgesprochen „wasserfeindlich" (= *hydrophob*). Deshalb lösen sie sich gut in hydrophoben Lösungsmitteln.

Experiment 24: Brennbarkeit von Fetten und Ölen

Ich überlege:
Wenn ich Fett oder Öl in der Pfanne zu stark erhitze, kann es sich entzünden und verbrennen.

Ich benötige:
- 1 Porzellanschale
- Olivenöl (oder ein anderes Speiseöl)
- Streichhölzer
- 1 Reagenzglas
- 1 Schutzbrille
- 1 Brenner
- 1 Reagenzglasklammer

Ich experimentiere:
1. In die Porzellanschale gebe ich so viel Speiseöl, daß der Boden bedeckt ist. Ich entzünde ein Streichholz und halte die Flamme an die Oberfläche des Öls.

Ich beobachte:

_____

_____

_____

_____

_____

_____

2. Nun gebe ich in ein Reagenzglas etwa 1 cm hoch Speiseöl. Ich setze die Schutzbrille auf, entzünde den Brenner, befestige das Reagenzglas in der Reagenzglasklammer und erhitze es dann langsam. Nach etwa 2 Minuten halte ich die Öffnung des Reagenzglases sehr vorsichtig kurz an die Flamme des Brenners.

Ich beobachte:

_____

_____

_____

_____

_____

Ich komme zu folgendem Ergebnis:

_____

_____

_____

_____

_____

_____

_____

Abb. 48

Beobachtung:
Das Öl in der Porzellanschale läßt sich nicht entzünden. Beim Erhitzen des Öls im Reagenzglas entweichen Dämpfe, die mit einer leuchtenden Flamme brennen (Abb. 48).

Ergebnis:
Das kalte Olivenöl brennt nicht. Beim Erhitzen verdampft Öl. Die Dämpfe sind leicht entzündbar.

Erklärung:
Das Olivenöl ist eine zähe Flüssigkeit, die bei Zimmertemperatur nicht verdunstet. Deshalb ist das Öl bei dieser Temperatur *nicht entflammbar.*
Beim Erhitzen des Öles entweichen Fettmoleküle. Bei einer bestimmten Temperatur entflammen sie; man spricht vom *Flammpunkt.* Bei einer noch höheren Temperatur brennen sie mit einer leuchtenden Flamme; man spricht vom *Brennpunkt.* Jedes Fett und jedes Öl hat einen bestimmten, charakteristischen Flamm- und Brennpunkt.
Fett- und Ölbrände können nicht mit Wasser gelöscht werden. Da Wasser schwerer ist als flüssiges Fett und Öl, sinkt es umgehend unter das brennende Fett oder Öl. Außerdem siedet das Wasser bei den hohen Temperaturen sofort.

Experiment 25:
Herstellung von Margarine

Ich überlege:
Auf den Verpackungen von Margarine kann ich nachlesen, daß viele Sorten aus pflanzlichen Fetten und Ölen hergestellt sind. Wichtig ist auch, daß die Margarine streichfähig ist. Wie wird die Streichfähigkeit erreicht?

Ich benötige:
- 1 großes Glas
- 1 Waage
- 60 g Kokosfett (z. B. Palmin; nicht
  gekühlt)
- 20 g Speiseöl
- 10 g Milch
- 2 kleine Gläser
- 1 Ei
- Eiswürfel
- 1 Geschirrtuch
- 1 Hammer
- 1 Schüssel (oder 1 Topf)
- 1 Rührwerk (Mixgerät)

Ich experimentiere:

In das große Glas wiege ich ein: 60 g
Kokosfett, 20 g Speiseöl und 10 g Milch.
Dann nehme ich die zwei kleinen Gläser
und trenne Eiklar und Dotter. (Das Glas
mit dem Eiklar stelle ich beiseite; ich benötige es nicht. Es sollte jedoch nicht
weggeschüttet, sondern anderweitig
verwendet werden.) Den Dotter gebe
ich in das große Glas zu dem Kokosfett,
dem Speiseöl und der Milch.

Nun nehme ich Eiswürfel aus dem Gefrierfach des Kühlschrankes, lege sie in
ein Geschirrtuch, zerkleinere sie mit
dem Hammer und gebe das zerkleiner-
te Eis in eine Schüssel.

In diese Schüssel mit dem Eis stelle ich
das Glas mit den Zutaten, wie es auf
Abb. 49 zu sehen ist. Die Zutaten verrühre ich dann mit dem Rührwerk, bis alle
gleichmäßig miteinander vermischt
sind.

Ich beobachte:

Abb. 49

Ich komme zu folgendem Ergebnis:

Beobachtung:
Die Zutaten lassen sich zu einer gold-gelben, cremigen Masse verrühren.

Ergebnis:
Es ist eine goldgelbe, streichfähige Masse entstanden: Margarine (Abb. 50).

Erklärung:
Margarine ist eine *Wasser-in-Fett-Emul-sion (= W/O-Emulsion)*. Durch das Küh-len mit Eis wird das Gemisch schneller fest.
Der Fettgehalt von Margarine beträgt ungefähr 80 %. (Davon darf maximal 1 % Milchfett sein; Milchfett ist nach dem Lebensmittelrecht nämlich für die Her-stellung von Butter reserviert.) Der Was-seranteil von Margarine beträgt höch-stens 20 %. In dem oben beschriebenen Experiment wurde das Wasser mit der Milch zugesetzt. Milch besteht nämlich zum größten Teil aus Wasser.

Abb. 50

Die Milch – zusammen mit dem Eigelb – bewirkt auch, daß das Wasser in dem Fett fein verteilt bleibt, daß sich Wasser und Fett nicht wieder entmischen. Milch und Eigelb sind die sogenannten *Emul-gatoren*. Sie bewirken, daß die Emulsion bestehenbleibt.
Margarine enthält auch noch Vitamine. Ein Vitamin, das Vitamin E, ist in allen pflanzlichen Fetten und Ölen enthalten. Es muß also nicht zugesetzt werden. An-dere Vitamine werden bei der industri-ellen Margarineherstellung noch zuge-setzt.

Experiment 26: Zerlegung von Kohlen-hydraten – Elementaranalyse von Haferflocken

Ich überlege:
Viele Lebensmittel enthalten Kohlenhy-drate: Haferflocken, Reis, Brot, Pudding,

Kartoffeln usw. In Lebensmitteln also, die Mehl oder Stärke enthalten, sind Kohlenhydrate vorhanden.

Wenn ich Brot(rinde) gut kaue, verspüre ich einen süßlichen Geschmack. Mehl und Stärke werden durch im Speichel enthaltene Stoffe in Zucker umgewandelt. Zucker gehört auch zu den Kohlenhydraten.

Mit unseren Lebensmitteln nehmen wir auch Ballaststoffe, hauptsächlich Cellulose, auf. Der Mensch kann Cellulose nicht verdauen. Andere Lebewesen – z.B. Wiederkäuer, bestimmte Insekten usw. – können es; sie verdauen beispielsweise cellulosehaltige Pflanzenteile und Holz und nutzen die darin enthaltenen Nährstoffe zu ihrer Ernährung.

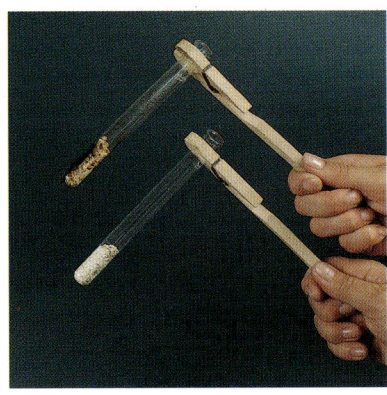

Abb. 51

Ich komme zu folgendem Ergebnis:

Ich benötige:
- 1 Reagenzglas
- Haferflocken
- 1 Brenner (und Streichhölzer/ Feuerzeug)
- 1 Reagenzglasklammer

Ich experimentiere:
In das Reagenzglas gebe ich etwa 1 cm hoch Haferflocken. Ich entzünde den Brenner, befestige das Reagenzglas an der Reagenzglasklammer und erhitze es in der Flamme.

Ich beobachte:

Beobachtung:
Die Haferflocken färben sich dunkel. Es bildet sich ein schwarzer Rückstand. Es entweichen Dämpfe. An der Innenwand des Reagenzglases schlägt sich Wasser nieder (Abb. 51).

Ergebnis:

Haferflocken enthalten Kohlenhydrate, die aus Kohlenstoff, Wasserstoff und Sauerstoff bestehen.

Erklärung:

Die Bezeichnung *Kohlenhydrate* läßt vermuten: Kohlenhydrate enthalten Kohlenstoff. Der Begriff *Hydrat* kommt vom griechischen Wort *hýdōr* (= Wasser). Wasser besteht aus Wasserstoff und Sauerstoff.

Kohlenhydrat ist ein alter Begriff. Er bezeichnet – nach dem heutigen Erkenntnisstand – den chemischen Sachverhalt nicht ganz zutreffend. Ein echtes Hydrat ist eine Verbindung, die Wasser enthält. Dieses Wasser kann ich durch Erhitzen aus der Substanz austreiben und der entwässerten Substanz dann wieder zuführen. Mit Kupfersulfat kann ich diesen Vorgang gut demonstrieren: Erhitze ich das blaue Kupfersulfat, dann tritt Wasser aus, und das Kupfersulfat wird weiß. Gebe ich zu dem weißen Kupfersulfat wieder Wasser hinzu, färbt es sich wieder blau. Kohlenhydrat ist kein echtes Hydrat. Beim Erhitzen tritt eine Verkohlung ein. Der Vorgang läßt sich deshalb nicht wie beim Kupfersulfat wieder rückgängig machen.

Haferflocken enthalten Kohlenhydrate, die aus Kohlenstoff, Wasserstoff und Sauerstoff bestehen. (Wieviel Kohlenhydrate und welche anderen Inhaltstoffe in welcher Menge Haferflocken enthalten, ist zumeist der Aufschrift auf der Packung zu entnehmen.) Der Rückstand im Reagenzglas wird schwarz. Es ist Kohlenstoff. Der Beschlag an der Innenwand des Reagenzglases zeigt, daß Wasserstoff und Sauerstoff austreten und sich als Wasser nachweisen lassen.

Für die Elementaranalyse von Kohlenhydraten wurden Haferflocken als Beispiel verwendet. Haferflocken enthalten Stärke. Stärke, Zucker und Cellulose sind die bekanntesten Kohlenhydrate. Anders gesagt: Alle Kohlenhydrate sind Zucker (= *Saccharide*). Bei den Zuckern unterscheidet man hauptsächlich

- Einfachzucker (= *Monosaccharide*)
- Mehrfachzucker (= *Oligosaccharide*) und
- Vielfachzucker (= *Polysaccharide*).

Die wichtigsten **Einfachzucker** sind:

- Glucose (= Dextrose, Traubenzucker; man findet sie in Trauben und anderen süßen Früchten).
- Fructose (= Fruchtzucker).

Zu den **Mehrfachzuckern** zählen:

- Saccharose (= Glucose + Fructose; Zuckerrüben enthalten 16 bis 20 %, Zuckerrohr enthält 14 bis 16 %).
- Maltose (= Glucose + Glucose; kommt in Malz, also in keimender Gerste, vor).

Die wichtigsten **Vielfachzucker** sind:

- Stärke und
- Cellulose.

Diese sind aus Glucose verschiedenartig aufgebaut.

Will man die Zusammensetzung der verschiedenen Zucker analysieren, dann führt man das Experiment wie oben durch, nimmt aber statt Haferflocken

- Traubenzucker als Beispiel für Einfachzucker,
- Haushaltszucker (= Rübenzucker) als Beispiel für Mehrfachzucker,
- Mondamin (= Stärke) und Filterpapier (= Cellulose) als weitere Beispiele für Vielfachzucker.

Experiment 27:
Nachweis von Traubenzucker (Glucose) in Haushaltszucker

Ich überlege:

Zucker schmeckt süß. Wenn ich zuerst Traubenzucker (z. B. Dextropur) und anschließend Haushaltszucker – oder umgekehrt – probiere, dann stelle ich fest, daß Traubenzucker süßer als Haushaltszucker schmeckt.

Bei Experiment 26 habe ich erfahren, daß Zucker nicht gleich Zucker ist, daß es Einfach-, Mehrfach- und Vielfachzucker gibt.

Ich benötige:
- 2 kleine Bechergläser
- 1 Teelöffel Traubenzucker (z. B. Dextropur)
- Haushaltszucker
- 1 Meßzylinder
- 100 ml Wasser
- 1 Rührstab
- 2 Zuckerteststreifen (Zuckerteststreifen bekomme ich in der Apotheke. Sie dienen dem Nachweis von Glucose im Urin und damit zur Erkennung der Zuckerkrankheit [Diabetes]. Wie die Teststreifen wirken und wie ich ermittle, was die Farbveränderungen bedeuten, weiß ich von Experiment 17.)
- 5 ml Haushaltsessig
- 1 Wärmequelle (Brenner mit Zubehör oder Heizplatte)
- 1 Zuckerteststreifen

Ich experimentiere:
1. In ein kleines Becherglas gebe ich einen Teelöffel Traubenzucker und 50 ml Wasser und rühre mit dem Rührstab um, bis der Zucker sich gelöst hat. In einem zweiten Becherglas verfahre ich mit einem Teelöffel Haushaltszucker und 50 ml Wasser ebenso.
Nun nehme ich zwei Zuckerteststreifen, tauche einen ganz kurz in die Traubenzucker- und den anderen in die Haushaltszuckerlösung und vergleiche anschließend beide Teststreifen miteinander und mit der Skala auf dem Behälter der Teststreifen. (Zum Nachweis von Traubenzucker in Obst kann ich auch

wäßrige Auszüge von getrockneten Obstsorten herstellen, diese etwa eine Stunde lang stehenlassen und dann mit Zuckerteststreifen prüfen. Die Herstellung eines wäßrigen Auszugs ist bei Experiment 17 beschrieben.)

Ich beobachte:

2. Ich nehme das Becherglas mit der Haushaltszuckerlösung, messe im Meßzylinder 5 ml Haushaltsessig ab und gieße sie in die Zuckerlösung. Ich zünde den Brenner an, stelle das Becherglas darauf und erhitze die Lösung bis zum Sieden, wobei ich ständig rühre. Ich koche die Lösung 5 Minuten lang. Danach lasse ich sie abkühlen, halte anschließend kurz einen Zuckerteststreifen hinein und ermittle das Ergebnis.

Ich beobachte:

Ich komme zu folgendem Ergebnis:

_____

_____

_____

_____

_____

_____

Beobachtung:

Beim ersten Experiment färbt sich der in die Traubenzuckerlösung eingetauchte Teststreifen an der entsprechenden Stelle intensiv blaugrün. Der in die Haus-

haltszuckerlösung eingetauchte Teststreifen zeigt keine Veränderung.
Nachdem ich der Haushaltszuckerlösung Essig zugesetzt und sie erhitzt habe, verfärbt sich der Teststreifen an der entsprechenden Stelle ebenfalls blaugrün, allerdings nicht so intensiv wie der in die Traubenzuckerlösung eingetauchte (Abb. 52).

Ergebnis:

Die mit Essig versetzte Haushaltszuckerlösung enthält Traubenzucker.

Erklärung:

Die Teststreifen dienen dem Nachweis von Traubenzucker (= _Glucose_). Bei reinem Haushaltszucker fällt dieser Nachweis negativ aus. Wird dem Zucker jedoch eine Säure (z. B. Essig) zugesetzt und die Lösung erhitzt, dann wird der Zucker gespalten (= _hydrolysiert_). Taucht man einen Teststreifen in das _Hydrolysat_, ist eine positive Reaktion festzustellen. Das bedeutet: Haushaltszucker ist aus Einfachzuckern aufgebaut. Einer davon ist Traubenzucker.

Abb. 52

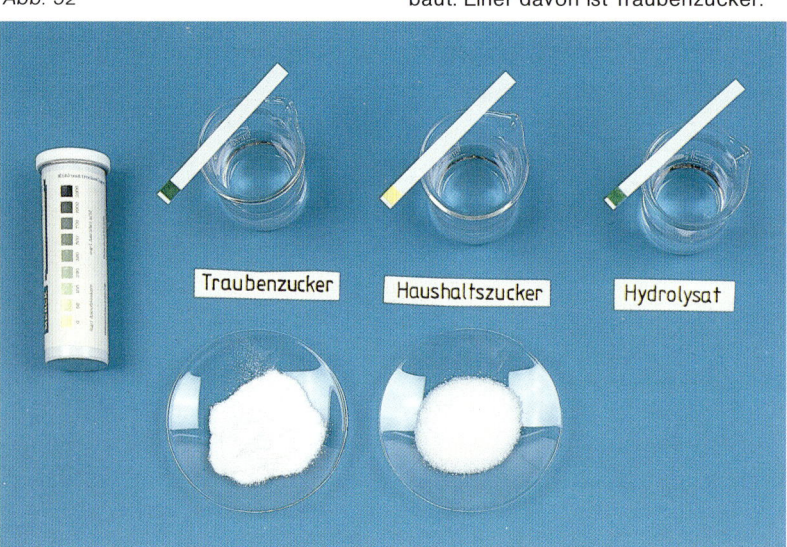

Traubenzucker   Haushaltszucker   Hydrolysat

Experiment 28:
Herstellung von
Zuckercouleur

Ich überlege:

Meine Großmutter hat mir erzählt, wie sie als Kind für sich und später – in der Kriegszeit und danach – für ihre Kinder Karamelbonbons hergestellt hat, indem sie ein wenig Butter mit Zucker in der Pfanne auf dem Herd geschmolzen hat. Sie hat mir auch erzählt, wie sie Karamelpudding gekocht hat, indem sie aus Milch, Stärke und Zucker den Pudding kochte und in diesen ebenfalls in Butter geschmolzenen Zucker einrührte. Und von meiner Großmutter weiß ich auch, daß man früher Zuckercouleur der Bratensoße beifügte, um diese dunkler zu färben.

Wenn ich mir die Verpackungen von Karamelpudding und dunklem Soßenbinder genauer ansehe, stelle ich fest, daß darin ebenfalls Zuckercouleur enthalten ist.

Ich benötige:
- 1 Reagenzglas
- 1 Teelöffel
- Haushaltszucker
- 1 Reagenzglasklammer
- 1 Brenner (und Streichhölzer/ Feuerzeug)
- 1 Reagenzglasständer (oder 1 kleines Glas)
- Wasser

Ich experimentiere:

In das Reagenzglas gebe ich einen Teelöffel Haushaltszucker, befestige das Reagenzglas an der Reagenzglasklammer, entzünde den Brenner und erhitze langsam, bis der Zucker schmilzt und sich braun färbt. Vorsicht, der Zucker darf nicht schwarz werden und verkohlen! Dann stelle ich das Reagenzglas zum Abkühlen in den Reagenzglas-

ständer. Wenn das Reagenzglas so weit abgekühlt ist, daß ich es anfassen kann, gebe ich so viel Wasser hinein, bis das Glas halb voll ist, und schüttle kräftig durch. Dann probiere ich mit dem (sauberen) Finger von der Lösung.

Ich beobachte:

_____

_____

_____

_____

_____

_____

Ich komme zu folgendem Ergebnis:

_____

_____

_____

_____

_____

Beobachtung:

Der Zucker schmilzt und wird braun, und es duftet.
Im Wasser löst sich der gebräunte Zucker. Die Lösung schmeckt nicht süß.

Abb. 53

Ergebnis:

Es ist eine braune, nicht süß schmeckende Lösung entstanden: die Zuckercouleur (Abb. 53).

Erklärung:

Zucker schmilzt oberhalb von 100°C und färbt sich braun. Die Braunfärbung zeigt an, daß sich Kohlenstoff bildet. Die braune Masse ist *Karamel*. Er riecht aromatisch und schmeckt gut, aber nicht mehr süß. Karamel, in Wasser gelöst, ist *Zuckercouleur*. Sie dient häufig als Lebensmittelfarbstoff und ist ungiftig.

(Oftmals findet man heute auch schon die Schreibweise: Zuckerkulör. In der Umgangssprache spricht man häufig von *Zuckerfarbe*.)

Experiment 29: Gewinnung von Stärke aus Kartoffeln

Ich überlege:

Ich weiß, Mehl enthält Stärke. Es gibt unter unseren Lebensmitteln aber auch solche aus reiner Stärke, z.B. Kartoffel-

stärke, Weizenstärke. (Auch Wäschestärke – ein Pflegemittel – und Klebstoff bestehen aus bzw. enthalten Stärke.) Meine Großmutter hat mir erzählt, wie sie früher Kartoffelstärke selbst hergestellt hat. Das will ich auch probieren.

Ich benötige:
- 3 große, rohe Kartoffeln
- 1 Messer
- 1 Reibe
- 1 Schüssel
- 1 Meßzylinder
- 700 ml Wasser
- 1 Rührstab (oder 1 Löffel)
- 1 (sauberes) Tuch (z.B. Geschirrtuch)
- 1 großes Glas (oder 1 Schüssel)
- Bindfaden
- 300 ml Wasser
- 1 Teller (oder 1 flache Schale)
- 1 Uhrglas (oder 1 kleinen Teller)
- Jodtinktur (möglichst eine 1%ige alkoholische Lösung)

Ich experimentiere:

1. Ich schäle zwei große Kartoffeln mit dem Messer und reibe sie auf der Reibe in die Schüssel. Im Meßzylinder messe ich 700 ml Wasser ab und gieße es zu den geriebenen Kartoffeln. Dieses Gemisch rühre ich mit dem Rührstab mehrmals gut durch.

Nun filtriere ich das Gemisch: Ich spanne ein Tuch locker über ein großes Glas und binde es am Glasrand mit Bindfaden fest. Dann schütte ich das Gemisch aus geriebenen Kartoffeln und Wasser in das Tuch und lasse die Flüssigkeit durchlaufen. Wenn die Flüssigkeit fast durchgelaufen ist, binde ich das Tuch vorsichtig los und presse die restliche Flüssigkeit mit der Hand ab. Das Filtrat lasse ich etwa eine Stunde stehen.

Anschließend schlämme ich den Bodensatz folgendermaßen mehrmals aus: Ich gieße das Wasser vom Bodensatz ab, gebe zu dem Bodensatz 300 ml

Wasser hinzu und rühre gut um. Das Gemisch lasse ich wieder so lange stehen, bis erneut ein Bodensatz zu sehen ist. – Diesen Vorgang wiederhole ich, bis der Bodensatz weiß aussieht. Dann gebe ich den Bodensatz auf einen Teller und lasse ihn trocknen.

Ich beobachte:

_____

_____

_____

_____

_____

2. Ich schneide eine rohe Kartoffel durch und beträufele die Schnittflächen mit Jodtinktur. Dann gebe ich von dem trockenen Bodensatz einen Teelöffel auf ein Uhrglas und füge einige Tropfen Jodtinktur hinzu.

Ich beobachte:

_____

_____

_____

_____

_____

_____

_____

Abb. 54

Ich komme zu folgendem Ergebnis:

_____

_____

_____

_____

_____

_____

_____

Beobachtung:

Durch Filtrieren und Ausschlämmen gewinnt man eine weiße Substanz.
Die auf die Schnittflächen der Kartoffel aufgebrachte Jodtinktur bewirkt eine Blaufärbung.
Gibt man zu der weißen Substanz Jodtinktur hinzu, färbt sie sich ebenfalls blau (Abb. 54, s. S. 77).

Ergebnis:

Jodtinktur weist Stärke nach. Aus den Kartoffeln wurde also Stärke gewonnen.

Erklärung:

Kartoffeln sind ein _kohlenhydratreiches_ Nahrungsmittel. Der größte Teil der in Kartoffeln enthaltenen Kohlenhydrate ist _Stärke_. Diese ist nur zu einem geringen Teil in Wasser löslich. Der andere Teil kann aus geriebenen Kartoffeln mit Wasser ausgeschlämmt werden.
Die Stärke bildet mit Jodtinktur eine Verbindung, eine sogenannte _Einschluß-verbindung_. Diese Verbindung erkennt man an der Blaufärbung.

Experiment 30:
Nachweis von Vitamin C in Obst

Ich überlege:

Aus alten Seefahrergeschichten weiß ich, daß die Seeleute früher häufig an Skorbut erkrankten. Skorbut ist eine Krankheit, die auf einen Mangel an Vitamin C zurückzuführen ist.
Vitamin C ist vor allem in Obst enthalten. Besonders reich an Vitamin C sind offensichtlich die _Zitrusfrüchte_. In welchen Obstsorten ist viel und in welchen ist weniger Vitamin C enthalten? Das will ich prüfen.

Ich benötige:
– 3 kleine Gläser
– 1 Messer
– 1 Apfelsine
– 1 Kiwifrucht
– 1 Gabel
– 1 Banane
– 3 Vitamin-C-Teststreifen (Vitamin-C-Teststreifen [= Ascorbinsäure-Teststreifen] erhalte ich in der Apotheke. Wie sie wirken, weiß ich bereits von den Experimenten 17 und 27.)

Ich experimentiere:

Ich zerteile die Apfelsine mit dem Messer und presse ein wenig Saft in ein kleines Glas. Dann zerteile ich die Kiwifrucht, schäle eine Hälfte, zerkleinere sie, gebe die Stückchen in ein zweites Glas und zerdrücke sie mit der Gabel. Schließlich schäle ich eine Banane, breche ein Stück davon ab, lege es in ein drittes Glas und zerdrücke das Stück ebenfalls mit der Gabel.
Nun nehme ich die drei Teststreifen und halte je einen jeweils 10 Sekunden in den Apfelsinensaft, in den Kiwifrucht-brei und in den Bananenbrei. Beim Herausnehmen streife ich an den Test-

streifen eventuell noch vorhandene Fruchtteilchen am Glasrand ab. Anschließend vergleiche ich die drei Teststreifen miteinander und mit der Skala auf dem Behälter.

Ich beobachte:

_____

_____

_____

_____

_____

_____

Abb. 55

Ich komme zu folgendem Ergebnis:

_____

_____

_____

_____

_____

_____

Beobachtung:
Alle drei Teststäbchen haben sich blau bis blaugrün verfärbt (Abb. 55).

Ergebnis:

Die Verfärbung zeigt, daß in allen geprüften Früchten Vitamin C enthalten ist. Die unterschiedlich intensive Verfärbung weist auf einen unterschiedlichen Anteil an Vitamin C hin. Demnach enthält die Apfelsine mehr Vitamin C als die Kiwifrucht und die Banane.

Erklärung:

Die Vitamine müssen mit der Nahrung aufgenommen werden, weil der menschliche Organismus sie nicht selber aufbauen (= *synthetisieren*) kann. Wichtig ist, daß bei der Zubereitung der Nahrung die Vitamine nicht bereits zerstört werden.

Die Vitamine gehören zu den für unseren Organismus lebensnotwendigen Nährstoffen. *Vita* ist lateinisch und heißt *Leben*. Eine sehr kleine Menge an Vitaminen pro Tag genügt. Der durchschnittliche Tagesbedarf an Vitamin C z. B. beträgt 50 bis 75 mg. Zu Zeiten, wenn Erkältungskrankheiten und Grippe drohen, soll dem Körper mehr Vitamin C zugeführt werden, denn es hilft, Erkältungskrankheiten und Grippe zu verhüten bzw. diese schneller abklingen zu lassen.

Der chemische Name für Vitamin C ist *Ascorbinsäure.* Vitamin C oder Ascorbinsäure ist vor allem in Obst und Gemüse, aber z. B. auch in Kartoffeln enthalten.

Die *Zitrusfrüchte* – also Apfelsinen, Mandarinen, Pampelmusen (Grapefruits) und Zitronen – sind besonders reich an Vitamin C. Das bestätigt auch das oben beschriebene Experiment.

Anfärben und Trennen von Farben

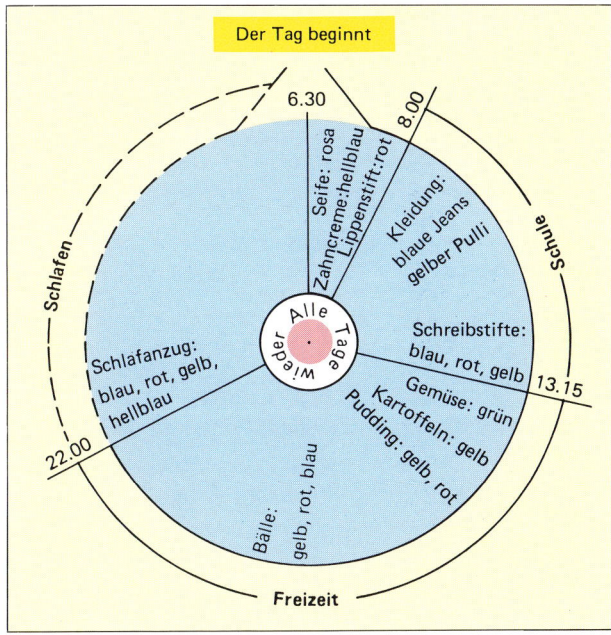

Der Tag beginnt

6.30

8.00

Seife: rosa
Zahncreme:hellblau
Lippenstift:rot

Kleidung:
blaue Jeans
gelber Pulli

Schlafen

Schule

Alle Tage
wieder

Schlafanzug:
blau, rot, gelb,
hellblau

Schreibstifte:
blau, rot, gelb

13.15

Gemüse: grün

Kartoffeln: gelb

Pudding: gelb, rot

22.00

Bälle:
gelb, rot, blau

Freizeit

Abb. 56

Die Welt ist voller Farben. Und die Farben sind wichtig für das Leben: Farben sind nützlich. An der Farbe können wir beispielsweise erkennen, ob Lebensmittel noch genießbar sind (Abb. 57, s. S. 83). Farben haben auch etwas mit Geschmack (Ästhetik) zu tun. Jeder mag bestimmte Farben besonders gern. Es gibt Modefarben. Farben bedeuten etwas, haben bestimmte Symbolwerte. Rot ist nicht nur die Liebe, sondern Rot an der Ampel signalisiert, daß man anhalten und warten muß.

Doch so nützlich und schön Farben sind, so vielschichtig und schwierig ist die Chemie der Farben. Aus diesem Grund können die folgenden Experimente nur einige wenige Gesichtspunkte aufzeigen und nur einige wenige Probleme ansprechen.

Zunächst werden einige Experimente zum Färben von Lebensmitteln und von Textilien beschrieben (s. Experiment 31 bis 33).

● Dabei werden Naturfarben und Synthesefarben (= künstlich hergestellte Farben) verwendet.

● Lebensmittelfarbstoffe dürfen nicht giftig sein. Farbstoffe für Textilien sollen möglichst echt sein. Das heißt, die Farbstoffe sollen z. B. möglichst waschecht und lichtunempfindlich sein.

Dann folgen einige Experimente, die sich mit der Trennung von Farben befassen (s. Experiment 34 bis 36). Dabei spielt heute die Chromatographie eine besondere Rolle:

● Das Wort Chromatographie ist aus den griechischen Wörtern *chrōma* (= Farbe) und *gráphein* (= schreiben) zusammengesetzt. Mit Chromatographie bezeichnet man ein Verfahren, bei dem ein Stoffgemisch in seine Komponenten aufgetrennt wird. Erstmals wurde ein solches Verfahren zur Trennung von Blattfarbstoffen angewendet. Heute kennt man verschiedene chromatographische Verfahren, z. B. die Papierchromatographie, die Dünnschichtchromatographie, die Säulenchromatographie und die Gaschromatographie. Bei den folgenden Experimenten werden von diesen Verfahren nur die Papier- und die Dünnschichtchromatographie angewendet.

● Alle chromatographischen Verfahren laufen in einem Zweiphasensystem ab. Man unterscheidet die nicht bewegliche (= stationäre) Phase und die bewegliche (= mobile) Phase. Genauer gesagt: Über die stationäre Phase wandert die mobile Phase (das Lösungsmittel = Fließ- oder Laufmittel) und transportiert dabei die zu trennenden Substanzen mit unterschiedlicher Geschwindigkeit.

Im folgenden werden verwendet:

bei Experiment	als stationäre Phase	als mobile Phase
34	– Löschpapier – Wollfäden	– Gemisch aus Alkohol und Wasser
35	– Tafelkreide – Filterpapier – Kieselgel	– Brennspiritus
36	– Filterpapier	– Brennspiritus – Wasser – Gemisch aus Butanol, Eisessig und Wasser

Experiment 31:
Färben von Margarine mit Möhrensaft

Ich überlege:

Ich schaue mir das Foto (Abb. 57) an: Der Topfkuchen ist blaugrün gefärbt. Er sieht eklig aus. Wahrscheinlich ist er verdorben, verschimmelt.

Indes, wenn ich mich genauer informieren könnte, würde ich erfahren, daß der Topfkuchen bewußt so unnatürlich so angefärbt wurde, um dem Betrachter des Fotos zu zeigen: Wir essen auch mit den Augen. Die Farben der Lebensmittel regen unseren Appetit an. An der Farbe können wir oftmals auch erkennen, ob die Lebensmittel noch genießbar sind.

Farblich verfremdeter Marmorkuchen

Abb. 57 (aus: Neue Apotheken Illustrierte 9/84, S. 12).

Ich benötige:
- 4 große Möhren
- 1 Reibe
- 1 Schüssel
- 1 Teller
- 1 sauberes Tuch (das man hinterher wegwerfen kann. Der Farbstoff läßt sich nämlich kaum wieder entfernen)
- 1 Waage
- 50 g Margarine (eventuell die, die ich selbst hergestellt habe)
- 1 Rührstab (oder 1 elektrisches Rührgerät)

Ich experimentiere:
Die Möhren reibe ich möglichst fein in die Schüssel. Dann nehme ich den Teller, lege das Tuch darauf, schütte die geriebenen Möhren in das Tuch, presse den Saft auf den Teller und säubere die Schüssel.
Den Teller mit dem Saft stelle ich in die Sonne oder an die (warme) Heizung.

Wenn der Möhrensaft bis auf eine kleine Restmenge verdunstet ist, wiege ich 50 g Margarine in die Schüssel ein, gebe den konzentrierten Möhrensaft dazu und rühre den Saft gleichmäßig unter die Margarine.

Ich beobachte:

_____

_____

_____

_____

_____

Ich komme zu folgendem Ergebnis:

_____

_____

_____

_____

_____

Beobachtung:
Durch Wärme wird die Verdunstung beschleunigt. Die Flüssigkeitsmenge nimmt ab. Die Färbung der Restflüssigkeit wird intensiver. Am Rand der Flüssigkeit auf dem Teller bilden sich kleine Kristalle.
Der konzentrierte Möhrensaft (oder

Abb. 58

der Möhrensaftextrakt) läßt sich ohne Schwierigkeit mit der Margarine verrühren. Die Margarine sieht goldgelb aus (Abb. 58).

Ergebnis:
Der konzentrierte Möhrensaft hat die Margarine goldgelb gefärbt.

Erklärung:
Zum Färben der Margarine benötigt man konzentrierten Möhrensaft (oder Möhrensaftextrakt): Durch Verdunsten wird dem Möhrensaft Wasser entzogen. Die Restflüssigkeit ist intensiver gefärbt. Und weil sie weniger Wasser enthält, läßt sie sich auch besser mit der Margarine vermischen.
Wenn man zuviel konzentrierten Möhrensaft nimmt, färbt sich die Margarine rötlich. Sie sieht dann unnatürlich aus.
In den Möhren (oder Karotten) ist ein Farbstoff enthalten: das *Carotin.* Man unterscheidet u. a. α-, β- und γ-Carotin. Das β-Carotin wird zum Färben von Lebensmitteln verwendet. Es bildet in fester Form dunkelrote Kristalle.
In pflanzlichen und tierischen Fetten ist das β-Carotin löslich. Deshalb kann

Margarine (und Butter) damit gut gefärbt werden. In Wasser ist β-Carotin erst bei 95°C löslich. Trotzdem aber wird es auch zum Färben von Fruchtgetränken, Eis, Kaltschalen usw., die nicht gekocht werden (können), verwendet. Es löst sich dann nicht, sondern wird lediglich ganz fein verteilt (= *suspendiert*).

Experiment 32:
Färben von Textilien mit Farbstoff aus Heidelbeeren

Ich überlege:
Heidelbeeren haben eine kräftige, blaurote Farbe. Wenn ich sie esse, färben sich meine Zähne blau. Wenn sie auf die Kleidung kommen, bleiben hartnäckige Flecke zurück.

Ich benötige:
–   1 großes Becherglas (oder 1 Topf, der die Farbe möglichst nicht annimmt, bzw. 1 alten Topf, der nicht mehr gebraucht wird)
– 300 g (tiefgefrorene) Heidelbeeren
–   1 Meßzylinder
– 200 ml Wasser

- 1 Heizplatte
- 1 Rührstab
- 1 großes Becherglas (oder 1 Topf, s. oben)
- 1 Filtertuch (z. B. Mulltuch)
- Bindfaden
- 60 ml Apfelessig
- 4 weiße Stoffproben: Baumwolle, Naturseide (z. B. Naturfutterseide), reine Wolle, Leinen
- 1 weißen Baumwollfaden

Ich experimentiere

1. Herstellen des Färbebads (= der Färbeflotte). In das Becherglas gebe ich die 300 g Heidelbeeren und gieße 200 ml Wasser dazu. Auf der Heizplatte erhitze ich die Mischung und lasse sie eine Stunde lang kochen, wobei ich öfter umrühre.

Danach lasse ich die Mischung abkühlen, spanne über das zweite Becherglas das Filtertuch und befestige es mit Bindfaden am Glasrand. Ich gieße die Mischung in das Becherglas, lasse die Flüssigkeit ablaufen, löse dann vorsichtig den Bindfaden und presse das Tuch samt Inhalt gut aus.

Ich beobachte:

2. Färben. Zu dem Filtrat gebe ich 60 ml Apfelessig, die vier Stoffproben (aus Baumwolle, Seide, Wolle und Leinen) und den Baumwollfaden. Nun erhitze ich erneut eine Stunde lang so, daß die Flüssigkeit nicht siedet. Währenddessen rühre ich öfter um.

Dann lasse ich das Färbebad erkalten, nehme anschließend die Stoffproben und den Baumwollfaden heraus, wasche sie unter fließendem Wasser gut aus und lasse sie an der Luft trocknen.

Ich beobachte:

Ich komme zu folgendem Ergebnis:

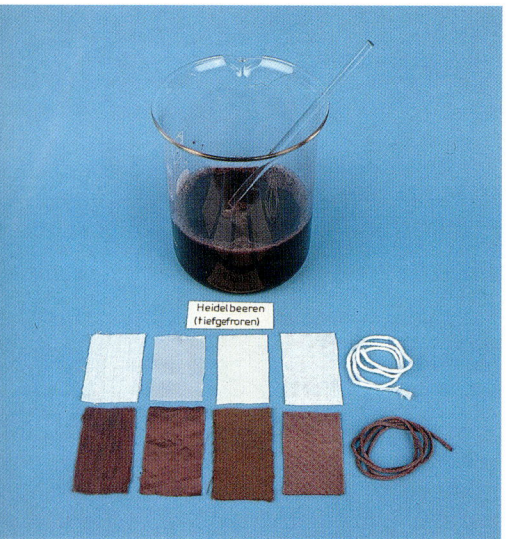

Abb. 59

(Nicht alle Fasern reagieren mit Farbstoffen so, daß gute Anfärbungen entstehen. Um auch solche Fasern färben zu können, werden sie vorher mit chemischen Stoffen behandelt, die sich auf den Fasern niederschlagen und die Farbstoffe dauerhaft binden. Man spricht vom *Beizen* der Fasern. Als *Beizstoffe* verwendet man im allgemeinen Metallsalze, z. B. Alaun.)

Die saure Lösung erhält man beispielsweise durch Hinzugabe von Apfelessig. Sie bewirkt, daß der Farbstoff besser auf die Faser aufzieht.

Allerdings werden Seide und Wolle intensiver gefärbt als Baumwolle und Leinen. Der Grund hierfür liegt im chemischen Aufbau der Fasern: Seide und Wolle sind *tierische Fasern*, die aus Eiweißen (= *Proteinen*; s. Experiment 16) bestehen. Ihre Moleküle haben Gruppen, die mit Farbstoffen gut reagieren. Baumwolle und Leinen sind *pflanzliche Fasern*. Sie bestehen aus Cellulose. Die Cellulosemoleküle reagieren sehr viel träger als die Eiweißmoleküle. Deshalb ist die Färbung der Baumwolle nicht so intensiv wie die der Seide und der Wolle. Am hellsten gefärbt ist das Leinen. Es ist noch weniger geschmeidig als Baumwolle und läßt sich deshalb besonders schlecht färben. Am Baumwollfaden läßt sich besonders gut erkennen, wie die Farbe auf die Faser aufzieht.

Beobachtung:

Die Flüssigkeit im Becherglas ist dunkelrot gefärbt. Die weißen Stoffproben und der Baumwollfaden sind rot bis rotviolett geworden (Abb. 59).

Ergebnis:

Der Farbstoff aus Heidelbeeren hat die Stoffproben und den Baumwollfaden gefärbt. Die Stoffproben aus Seide und Wolle (Abb. 59 Mitte) sind kräftiger gefärbt als die Baumwolle (Abb. 59 links). Und die Baumwolle ist kräftiger gefärbt als das Leinen (Abb. 59 rechts).

Erklärung:

Heidelbeeren enthalten einen Farbstoff, der sich mit Wasser herauslösen läßt. Durch das Kochen wird dieser Vorgang verstärkt. Mit dem Farbstoff aus Heidelbeeren lassen sich Textilien ohne Vorbeize in einer sauren Lösung direkt färben.

Experiment 33:
Färben von Textilien mit Kongorot

Ich überlege:

Der aus den Heidelbeeren gewonnene Farbstoff ist eine Naturfarbe. Zum Färben von Textilien werden aber sehr viel häufiger Synthesefarben verwendet. Eine davon ist Kongorot.

Ich benötige:
- 1 Meßzylinder
- 100 ml Wasser
- 1 großes Becherglas (oder 1 Topf)
- 1 Wärmequelle (Brenner mit Zubehör oder Heizplatte)
- 1 Spatel (oder 1 Messer)
- Kongorotpulver (oder eine andere synthetische Textilfarbe, z. B. aus einem Hobby-Laden)
- 1 Rührstab
- 1 kleines Glas
- 1 Waage
- 15 g Kochsalz
- Soda (Natriumcarbonat)
- 4 weiße Stoffproben: Baumwolle, Naturseide, (reine) Wolle, Leinen
- 1 Baumwollfaden
- 1 weißes Tuch (oder Papierküchentuch)

Ich experimentiere:

Im Meßzylinder messe ich 100 ml Wasser ab, gieße es in ein großes Becherglas und erhitze es auf ca. 80 °C. Es darf nicht kochen. Dann nehme ich das Glas von der Wärmequelle und gebe in das heiße Wasser eine Spatelspitze Kongorotpulver. Mit dem Rührstab verrühre ich das Pulver, bis es sich gelöst hat. Ich wiege in das kleine Glas 15 g Kochsalz ein, schütte das Salz in die Lösung im großen Becherglas und füge eine Spatelspitze Soda hinzu. Ich rühre um.

In dieses Färbebad gebe ich nun die vier Stoffproben und den Baumwollfaden und erhitze 10 Minuten lang, wobei ich mehrmals umrühre. Das Färbebad darf – wegen der Seide und der Wolle – nicht sieden. Dann lasse ich das Färbebad abkühlen, nehme die Stoffproben und den Baumwollfaden heraus und wasche sie unter fließendem Wasser gut aus. Zum Trocknen lege ich sie auf ein Tuch.

Ich beobachte:

Ich komme zu folgendem Ergebnis:

Beobachtung:

Das Kongorotpulver färbt das heiße Wasser intensiv rot. Die vier Stoffproben sind unterschiedlich rot gefärbt (Abb. 60, s. S. 88).

Ergebnis:

Kongorot färbt Baumwolle und Wolle intensiv, Leinen weniger und Seide am wenigsten rot. Die kräftigste Rotfärbung zeigt der Baumwollfaden.

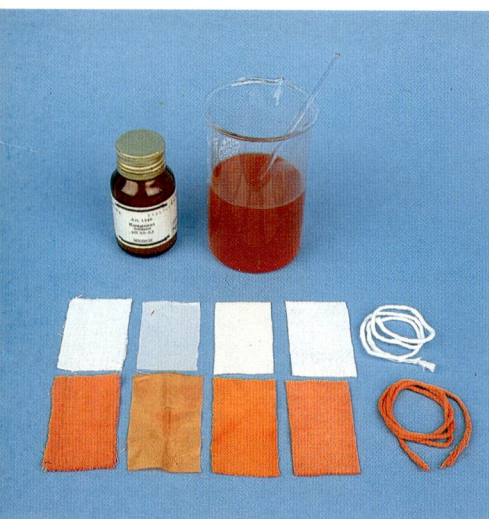

Abb. 60

Erklärung:
Kongorot gehört zu den wasserlöslichen Farbstoffen, die im Färbebad auf die Fasern direkt aufziehen. Es ist ein *nicht waschechter Direktfarbstoff.*
Bei der Herstellung von Kongorot haben die Chemiker dessen chemische Struktur so gestaltet, daß das Molekül langgestreckt ist, so daß es sich gleichsam an die Faser anschmiegen kann.
Das Experiment zeigt auch, daß Kongorot Baumwolle und Wolle gut, Seide und Leinen weniger gut anfärbt. Das liegt an der Oberflächenbeschaffenheit – d. h. der Faserstruktur – der Textilien. Baumwolle und Wolle sind weniger glatt, Seide und Leinen sind sehr glatt.
Der Baumwollfaden macht deutlich, daß die Färbung intensiver wird, wenn man bereits den Faden und nicht erst den gewebten Stoff färbt. Der Farbstoff kann sich dann in die Zwischenräume der Fasern besser einlagern.

Experiment 34: Trennung von blauer Lebensmittelfarbe

Ich überlege:
Bonbons sind bunt gefärbt. Auf der Verpackung sind die Farbstoffe mit Buchstaben und Zahlen bezeichnet. Interessant ist, daß immer mehrere Farbstoffe angegeben sind, auch wenn nur Bonbons mit einer Farbe im Beutel sind.

Ich benötige:
zur Gewinnung der blauen Farbstofflösung
- 2 kleine Bechergläser
- 5 blaue Lakritz-Dragee-Stäbchen
- 1 Meßzylinder
- 5 ml Wasser
- 5 ml Alkohol (Weingeist)
- 1 Rührstab
- 1 Spatel (oder 1 Messer)
  Weinsäure
- 3 weiße Wollfäden (100 % reine Schurwolle)
- 1 Wärmequelle (Brenner mit Zubehör oder Heizplatte)
- 1 kleines Becherglas
- 20 ml Alkohol (Weingeist)
- 1 kleines Becherglas
- 10 ml Wasser
- Hirschhornsalz

zur Trennung des blauen Farbstoffs mit Löschpapier
- 1 Streifen weißes Löschpapier (15 cm lang, 8 cm breit)
- 1 Bleistift
- 1 Lineal
- 1 Mikropipette (oder eine Stecknadel)
- 1 Einmachglas (mit Deckel, 1 l Inhalt)
- 1 Meßzylinder
- 40 ml Alkohol (Weingeist)
- 10 ml Wasser

zur Trennung des blauen Farbstoffs mit Wollfäden
- 5 blaue Lakritz-Dragee-Stäbchen
- 2 kleine Bechergläser
- 5 ml Wasser
- 5 ml Alkohol (Weingeist)
- Weinsäure
- 5 weiße Wollfäden (100 % reine Schurwolle)
- 1 Pinzette
- 1 Blatt Papier

Ich experimentiere:

1. Gewinnung der blauen Farbstofflösung. Im Experiment 12 habe ich aus Zuckerstreuseln eine rote Farbstofflösung hergestellt (s. Punkt 1). Genauso gewinne ich nun aus den fünf blauen Lakritz-Dragee-Stäbchen eine blaue Farbstofflösung.

Ich beobachte:

_____

_____

_____

_____

_____

2. Trennung des blauen Farbstoffes mit Löschpapier. Auf dem Löschpapierstreifen ziehe ich mit Bleistift und Lineal 1,5 cm vom unteren Ende des Streifens entfernt einen Strich. Das ist die Startlinie für die Trennung der Farben. Dann knicke ich den Löschpapierstreifen an seinem oberen Ende etwa 2 cm breit um.

Mit der Mikropipette tupfe ich in die Mitte der Startlinie einen ganz kleinen– nur 2 mm im Durchmesser großen – Fleck der Farbstofflösung und lasse diesen Fleck eintrocknen. Dann gebe ich auf den gleichen Fleck erneut etwas Farbstofflösung und lasse den Fleck wieder eintrocknen. Diesen Vorgang wiederhole ich noch dreimal. Der Fleck ist der Startpunkt.

In das Einmachglas gebe ich 40 ml Alkohol und 10 ml Wasser. Dann halte ich den Löschpapierstreifen so in das Glas, daß das untere Ende in die Mischung eintaucht. Dabei darf aber in keinem Fall der Startpunkt mit der Lösung in Berührung kommen. Das umgeknickte obere Ende des Löschpapierstreifens klemme ich mit dem Deckel am Glasrand fest.

Wenn die Flüssigkeit auf dem Löschpapierstreifen etwa 10 cm hochgestiegen ist, nehme ich den Löschpapierstreifen heraus und lasse ihn an der Luft trocknen.

Ich beobachte:

_____

_____

_____

_____

_____

3. Trennung des blauen Farbstoffes mit Wollfäden. Ich löse erneut die blaue Farbe von weiteren fünf Lakritz-Dragee-Stäbchen. Dazu gebe ich die Stäbchen in ein kleines Becherglas, übergieße sie mit 5 ml Wasser und 5 ml Alkohol und rühre um. Dann gieße ich die überstehende Lösung in das zweite Glas und gebe eine Spatelspitze Weinsäure dazu.

Nun zünde ich den Brenner an, gebe in die Farbstofflösung die fünf Wollfäden und erhitze sehr langsam. Nach etwa 2 Minuten nehme ich mit der Pinzette den ersten Faden heraus, nach weiteren 2 Minuten den zweiten usw. und nach insgesamt etwa 10 Minuten den letzten Faden. Die Fäden lege ich auf ein Blatt Papier.

Ich beobachte:

_____

_____

_____

_____

_____

_____

Ich komme zu folgendem Ergebnis:

_____

_____

_____

_____

_____

_____

Beobachtung:

Mit der _Fadenmethode_ wird ein blauer Farbstoff gewonnen.

Bei der Trennung mit Löschpapier geschieht folgendes: Die Farbe des Startpunktes wird von der Mischung aus Alkohol und Wasser mitgenommen und getrennt. Bei der Trennung mit Wollfäden werden die zwei ersten Fäden rosa, die beiden nächsten blau und der letzte hellblau gefärbt (Abb. 61).

Ergebnis:

Der blaue Farbstoff der Lakritz-Dragee-Stäbchen wird – bei der Chromatographie mit Löschpapier wie bei der mit Wollfäden – in drei Farben getrennt: in Rosa, in Blau und in Hellblau.

Erklärung:

Die Trennung des blauen Farbstoffes erfolgt mit Hilfe der _Chromatographie_ (s. dazu auch S. 82). Zunächst wird die _Papierchromatographie_ angewendet, um festzustellen, ob der blaue Farbstoff nur aus einem einzigen Farbstoff besteht, also ein Reinstoff ist, oder ob er ein Gemisch aus mehreren Farbstoffen ist. Das Ergebnis zeigt, daß der blaue Farbstoff ein Gemisch aus mindestens drei Farbstoffen ist: einem rosa, einem blauen und einem hellblauen. Letzterer ist auf dem Löschpapier besser als auf dem Foto (Abb. 61) zu erkennen. Ursächlich für die Trennung ist einmal das Lösungsmittel (= _Fließ-_ oder _Laufmittel_; _mobile_ Phase), hier also das Gemisch aus Alkohol und Wasser. In diesem Lösungsmittel ist der rosa Farbstoff am schlechtesten löslich; er bleibt als erster zurück. Der blaue Farbstoff ist darin schon besser löslich; er wird vom Lösungsmittel weiter mitgenommen. Am besten darin löslich ist der hellblaue Farbstoff; er wird am weitesten transportiert. Ursächlich für die Trennung ist aber auch das Löschpapier (= _stationäre_ Phase). Wenn der Farbstoff an dem Löschpapier gut haftet, wird er von dem

Lösungsmittel nur wenig weit mitgenommen. Hat er aber keine gute Haftung, wird er weiter transportiert.

Die Chromatographie mit den Wollfäden führt zu demselben Ergebnis: Auch hier sind die drei genannten Farben deutlich sichtbar. Wichtig bei diesem Experiment ist, daß die Wollfäden nicht zu lange in der Farbstofflösung bleiben; denn sonst verwischen die Farben. Das heißt, die blaue Farbe überdeckt die anderen.

Zum Vorgehen: Bei dem oben beschriebenen Experiment wurden die Fäden zusammen in die Farbstofflösung gegeben und nacheinander herausgenommen. Zum gleichen Ergebnis kommt man auch, wenn man die Fäden nacheinander jeweils zwei Minuten in die Farbstofflösung gibt und sie dann herausnimmt.

Mit der Chromatographie mit Löschpapier und mit den Wollfäden lassen sich außer Blau auch andere Farben analysieren. So enthält man z.B. bei der Trennung der grünen Farbe von Lakritz-Dragee-Stäbchen gelb, grün und hellblau angefärbte Wollfäden.

Wenn die Chromatographie mit Löschpapier nur einen Fleck in einer Farbe ergibt bzw. wenn bei der Chromatographie mit den Wollfäden alle Fäden die gleiche Farbe zeigen, dann ist das ein Anzeichen dafür, daß der Farbstoff wahrscheinlich ein Reinstoff und kein Farbstoffgemisch ist.

Abb. 61

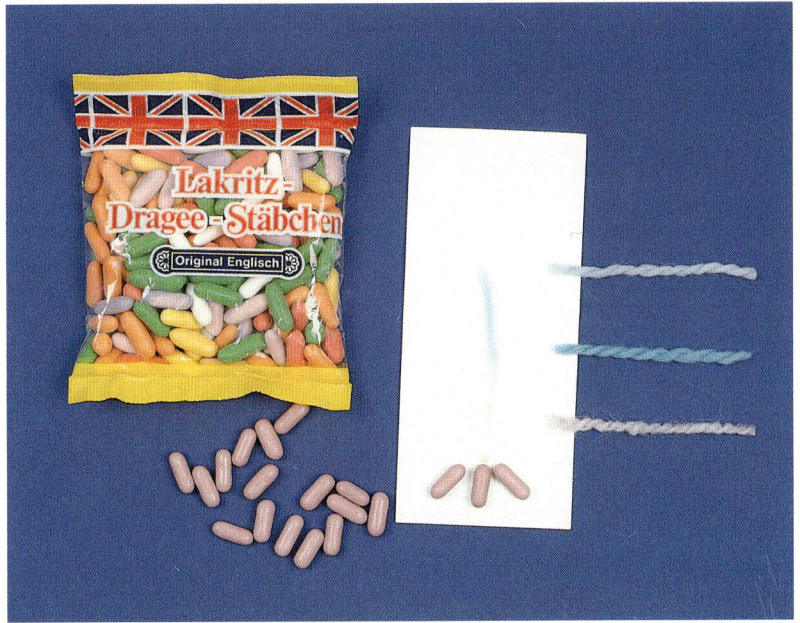

Experiment 35: Chromatographische Trennung von grüner Filzstiftfarbe mit unterschiedlichen stationären Phasen

Ich überlege:
Wenn ich blaue und gelbe Wasserfarbe mische, erhalte ich eine grüne Farbe. Kann ich die Farbe eines grünen Filzstiftes in die Farben Blau und Gelb trennen?

Ich benötige:
- 1 Stück (weiße) Tafelkreide
- 1 grünen Filzstift; die Farbe muß wasserlöslich sein
- 1 kleines Glas mit Deckel
- Brennspiritus
- 1 Rundfilter (evtl. aus weißem Löschpapier ausschneiden)
- 1 Schere
- 1 kleines Glas (mit einem Durchmesser, der etwas kleiner als der des Rundfilters ist)
- 1 Kieselgel-Dünnschicht-Chromatographie-Platte (=Kieselgel-DC-Platte) aus dem Fachhandel
- 1 Bleistift
- 1 Lineal
- 1 Glas mit Deckel (ca. 17 cm hoch)

Ich experimentiere:
1. Trennung mit einem Stück Tafelkreide.
Auf das Stück Tafelkreide zeichne ich etwa 2 cm über dem unteren Ende mit dem grünen Filzstift eine Linie, die Startlinie. Dann gebe ich in das kleine Glas mit Deckel ca. 1 cm hoch Brennspiritus, stelle das Kreidestück – mit dem unteren Ende – senkrecht hinein, verschließe das Glas mit dem Deckel und warte 10 Minuten.

Ich beobachte:

_____

_____

_____

_____

_____

_____

2. Trennung mit Rundfilter. In das Rundfilter schneide ich mit der Schere vom Rand zur Mitte zwei parallele Schnitte, so daß eine etwa 1,5 cm breite Zunge entsteht. Dann tropfe ich in die Mitte des Filters mit dem Filzstift einen kräftigen, runden Fleck (den Startpunkt), der nicht größer als 1 cm im Durchmesser sein darf, und lasse ihn trocknen.
Nun fülle ich das Glas (dessen Durchmesser etwas kleiner als der des Rundfilters ist) bis zur Hälfte mit Brennspi-

Abb. 62

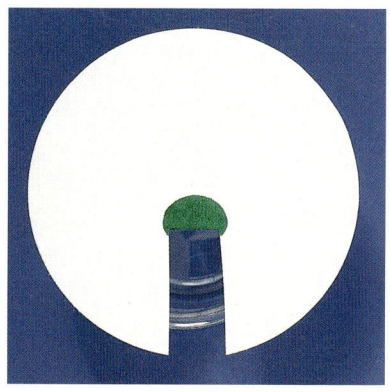

ritus. Ich knicke die Zunge des Rundfilters nach unten und lege das Filter so auf den Glasrand, daß die Zunge in den Brennspiritus eintaucht. Ich warte 10 Minuten (Abb. 62).

Ich beobachte:

_____

_____

_____

_____

_____

_____

3. Trennung mit Kieselgel. Auf die Kieselgel-DC-Platte zeichne ich 2 cm oberhalb der unteren Kante mit Bleistift und Lineal einen Strich: die Startlinie. In die Mitte der Startlinie mache ich mit dem Filzstift einen kräftigen Fleck (den Startpunkt), der nur einen Durchmesser von 3 bis 5 mm haben darf. Dann fülle ich in das ca. 17 cm hohe Glas etwa 1,5 cm hoch Brennspiritus, stelle die DC-Platte – mit der unteren Kante – so hinein, daß der Spiritus den Startpunkt nicht berührt, verschließe das Glas und warte 10 Minuten.

Ich beobachte:

_____

_____

_____

_____

_____

Ich komme zu folgendem Ergebnis:

_____

_____

_____

_____

_____

_____

Beobachtung:
In dem Kreidestück steigt das Lösungsmittel hoch und nimmt eine gelbe und eine blaue Farbe mit.
Auf dem Rundfilter breitet sich das Lösungsmittel aus, und es werden eine gelbe und eine blaue Zone sichtbar.
Auf der DC-Platte ist eine Trennung der grünen Farbe in eine gelbe und eine blaue Farbe deutlich sichtbar (Abb. 63).

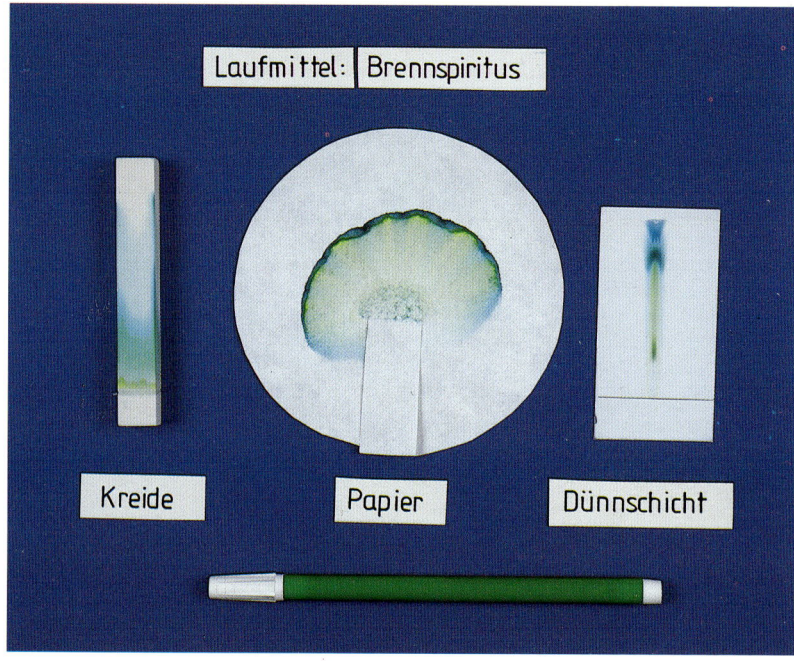

Abb. 63

Ergebnis:

Der grüne Farbstoff des Filzstiftes wird in allen drei Fällen in eine gelbe und in eine blaue Farbe aufgetrennt. Die deutlichste Trennung ergibt die Dünnschicht-Chromatographie, die geringste die mit der Kreide.

Erklärung:

In diesem Experiment wird die Bedeutung der *stationären* Phase (also der Tafelkreide, des Filterpapiers und des Kieselgels) besonders hervorgehoben. Die *mobile* Phase tritt in den Hintergrund; denn das Lösungs- oder Laufmittel, der Brennspiritus, ist in allen drei Versuchen gleich.

In diesem Experiment ist also die stationäre Phase die Hauptursache für die unterschiedliche Trennung des grünen Farbstoffes des Filzstiftes. Für die Trennung eignet sich die Kieselgel-DC-Platte am besten. Sie hält den gelben Farbstoff fest (= sie *adsorbiert* ihn), während der blaue Farbstoff (mit dem Lösungsmittel) weiterwandert. Dann bleibt der blaue Farbstoff haften, und am weitesten wandert ein hellblauer Farbstoff. Auch das Rundfilter läßt die verschiedenen Farben deutlich erkennen, allerdings weniger deutlich die verschiedenen Farbzonen.

Für die Trennung der grünen Filzstiftfarbe am wenigsten geeignet ist die Tafelkreide. Sie ist kein gutes *Adsorptionsmittel*.

Experiment 36: Chromatographische Trennung von grüner, schwarzer und violetter Filzstiftfarbe mit verschiedenen Lösungsmitteln

Ich überlege:

Im Experiment 35 habe ich eine grüne Filzstiftfarbe mit unterschiedlichen stationären Phasen getrennt. Wie sieht die Trennung aus, wenn ich nur eine stationäre Phase – z.B. Filterpapier –, aber unterschiedliche mobile Phasen – also verschiedene Lösungsmittel, die als Fließ- oder Laufmittel dienen – nehme?

Ich benötige:

- 9 Rundfilter (evtl. aus weißem Löschpapier ausschneiden)
- 1 Schere
- 3 Gläser (mit einem Durchmesser, der etwas geringer als der der Rundfilter ist)
- Wasser
- Brennspiritus
- 1 Schutzbrille
- 1 Meßzylinder
- 50 ml Butanol
- 10 ml Eisessig (konzentrierte Essigsäure)
- 20 ml Wasser
- 1 Filzstift mit schwarzer, wasserlöslicher Farbe
- weißes Papier (als Unterlage)
- 1 Filzstift mit grüner, wasserlöslicher Farbe
- 1 Filzstift mit violetter, wasserlöslicher Farbe

Ich experimentiere:

Ich nehme die neun Rundfilter und schneide – wie bei Experiment 35 beschrieben – in jedes mit der Schere eine ca. 1,5 cm breite Zunge.
1. Trennung der schwarzen Filzstiftfarbe.
Ich fülle ein Glas etwa halbvoll mit Wasser und das zweite halbvoll mit Brennspiritus. Dann setze ich die Schutzbrille auf, nehme den Meßzylinder und gebe in das dritte Glas 50 ml Butanol, 10 ml Eisessig und 20 ml Wasser. Nun nehme ich drei von den neun vorbereiteten Rundfiltern, mache in die Mitte eines jeden mit dem schwarzen Filzstift einen kräftigen Fleck, der nicht größer als 1 cm im Durchmesser sein darf, und lasse diesen Fleck trocknen. Dann knicke ich die Zungen der drei Filter nach unten um und lege je ein Filter so auf die Gläser, daß die Zunge jeweils etwa 2 cm in die Flüssigkeit eintaucht.

Nach 10 Minuten nehme ich das Filter von dem Glas mit dem Wasser herunter und lege es auf weißes Papier. Nach weiteren 10 Minuten verfahre ich mit dem Filter auf dem Glas mit dem Brennspiritus ebenso. Und nach einer guten halben Stunde nehme ich auch das Filter von dem Glas mit dem Lösungsmittelgemisch aus Butanol, Eisessig und Wasser ab und lege es zu den anderen.

Ich beobachte:

_____

_____

_____

_____

_____

_____

_____

_____

2. Trennung der grünen Filzstiftfarbe. Ich führe das Experiment – wie unter Punkt 1 beschrieben – mit grüner Filzstiftfarbe durch. Dazu nehme ich drei weitere von den neun vorbereiteten Rundfiltern. Die Gläser mit den Lösungsmitteln verwende ich wieder.

Ich beobachte:

_____

_____

_____

_____

_____

Ich komme zu folgendem Ergebnis:

_____

_____

_____

_____

_____

_____

3. Trennung der violetten Filzstiftfarbe. Ich führe das Experiment – wie unter Punkt 1 beschrieben – mit violetter Filzstiftfarbe durch. Dazu nehme ich nochmals drei von den neun vorbereiteten Rundfiltern. Die Gläser mit den Lösungsmitteln verwende ich wieder.

Ich beobachte:

_____

_____

_____

_____

_____

Beobachtung:
Die schwarze Farbe wird mit Wasser in einen braunen, einen blauen und einen grünen Farbstoff unscharf aufgetrennt. Bei der Trennung mit Brennspiritus ist ein grüner Farbstoff nicht zu sehen. Die Auftrennung ist insgesamt unscharf. Das Chromatogramm mit dem Lösungsmittelgemisch aus Butanol, Eisessig und Wasser zeigt in den Farben dasselbe Ergebnis wie die Auftrennung mit Brennspiritus. Die Farbzonen sind allerdings schärfer getrennt.
Die grüne Filzstiftfarbe wird in einen gelben und einen blauen Farbstoff getrennt. Am deutlichsten erfolgt die Trennung mit dem Lösungsmittelgemisch aus Butanol, Eisessig und Wasser.
Die violette Farbe wird in Wasser und Brennspiritus in einen roten und einen blauen Farbstoff getrennt. Im Gegensatz zur Trennung mit Wasser sind bei

der Trennung mit Brennspiritus die Farbzonen deutlicher zu sehen. Mit dem Lösungsmittelgemisch aus Butanol, Eisessig und Wasser wird gar keine Auftrennung erreicht (Abb. 64).

Ergebnis:

Der schwarze Farbstoff wird in einen braunen, einen blauen und einen grünen Farbstoff aufgetrennt; es ist also ein *Farbstoffgemisch*. Das beste Lösungsmittel ist Wasser.

Der grüne Farbstoff besteht aus einem gelben und einem blauen Farbstoff; es ist also auch ein Farbstoffgemisch. Das beste Lösungsmittel ist das Gemisch aus Butanol, Eisessig und Wasser.

Der violette Farbstoff wird in einen roten und einen blauen Farbstoff aufgetrennt; es handelt sich also wieder um ein Farbstoffgemisch. Das beste Lösungsmittel ist der Brennspiritus.

Erklärung:

Im Unterschied zu Experiment 35 steht

bei diesem Experiment die *mobile* Phase im Vordergrund. Es geht also um die Wirksamkeit der verschiedenen Lösungsmittel, die als *Fließ-* oder *Laufmittel* dienen.

Die Hauptursache der unterschiedlichen Auftrennungen der drei Filzstiftfarben ist hier die unterschiedliche Löslichkeit der einzelnen Farbstoffe in den Lösungsmitteln. Ist ein Farbstoff in einem Lösungsmittel unlöslich, bleibt er am Startpunkt zurück. Ist er hingegen in einem Lösungsmittel sehr gut löslich, wird er am schnellsten und am weitesten mitgenommen.

Aufgrund dessen, daß die Farbstoffe unterschiedlich weit transportiert werden, bilden sich verschiedene Farbzonen aus.

Also: Um eine gute Trennung von Farbstoffen bzw. Farbstoffgemischen zu erreichen, muß u. a. eine geeignete *stationäre* Phase (s. Experiment 35) und muß auch eine geeignete *mobile* Phase – also ein möglichst gutes Lösungsmittel (=*Fließ-* oder *Laufmittel*) – ausgesucht werden.

Abb. 64

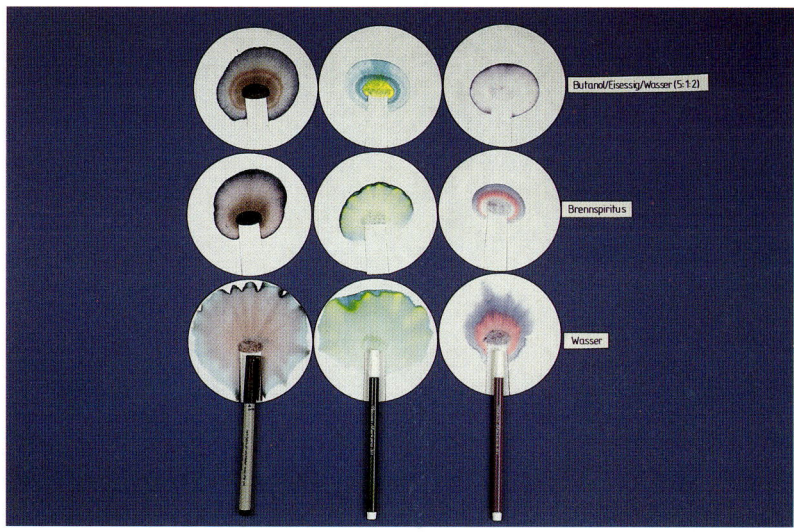

Elektrochemische Prozesse

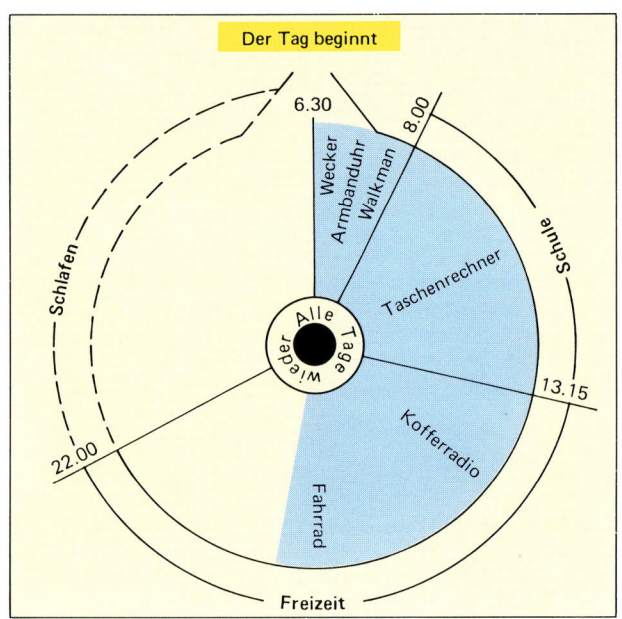

Der Tag beginnt

6.30
8.00

Wecker
Armbanduhr
Walkman

Schlafen

Taschenrechner

Schule

Alle Tage
Wieder

13.15

Kofferradio

22.00

Fahrrad

Freizeit

Abb. 65

Der Name Elektrochemie läßt vermuten, daß es hierbei um Zusammenhänge von elektrischer Energie und chemischen Prozessen geht. Kurz gesagt: Elektrische Energie wird auf chemischem Wege erzeugt. Elektrische Energie wird für chemische Vorgänge genutzt.

Zum guten Schluß also noch einige Experimente aus dem Bereich der Elektrochemie. Doch – wie gesagt – nur einige:

● Elektrische Energie entnimmt man nicht nur der Steckdose, sondern sie wird auch in Batterien erzeugt. Wie eine (Flach-)Batterie aufgebaut ist,

welche Bauteile und Stoffe sie enthält, wird in Experiment 37 untersucht. Und wie eine Batterie(-zelle) funktioniert, das wird in Experiment 38 erklärt.

● Viele (Metall-)Gegenstände haben einen Überzug aus einem (anderen) Metall. Manche Gegenstände aus unedleren Metallen sind mit einem Überzug aus Edelmetall versehen. Wie eine solche Veredlung auf elektrochemischem Wege vor sich geht, das beschreibt und erklärt Experiment 39. Und wenn das Edelmetall oder der Überzug aus Edelmetall verschmutzt ist, dann kann man unter Umständen – das heißt, die Art der Verschmutzung spielt natürlich eine Rolle – die Reinigung auch auf elektrochemischem Wege vornehmen. Dies zeigt – am Beispiel eines Silberlöffels – Experiment 40.

Experiment 37: Zerlegen einer unverbrauchten und einer verbrauchten Taschenlampenbatterie

Ich überlege:

Jeden Tag benötigen wir Strom, elektrische Energie. Viele Geräte des tägli-

chen Lebens werden mit elektrischer Energie betrieben. Diese Energie wird häufig aus der Steckdose (= vom Anschluß an die öffentliche Stromversorgung) bezogen. Das bedeutet, zur Nutzung dieser Energie ist man an die Steckdose gebunden. Es gibt aber auch viele Geräte, die transportabel sind und für deren Betrieb ebenfalls elektrische Energie benötigt wird. Hierfür braucht man transportable elektrische Energiequellen: Batterien (und Akkumulatoren). Das Foto (Abb. 66) zeigt eine Auswahl solcher Geräte: ein Kofferradio, eine Armbanduhr, einen Taschenrechner, eine Taschenlampe und eine Sofortbildkamera. Und diesen Geräten zugeordnet sind die für den Betrieb erforderlichen Batterien.

Wie eine Batterie aufgebaut ist und wie

Abb. 66

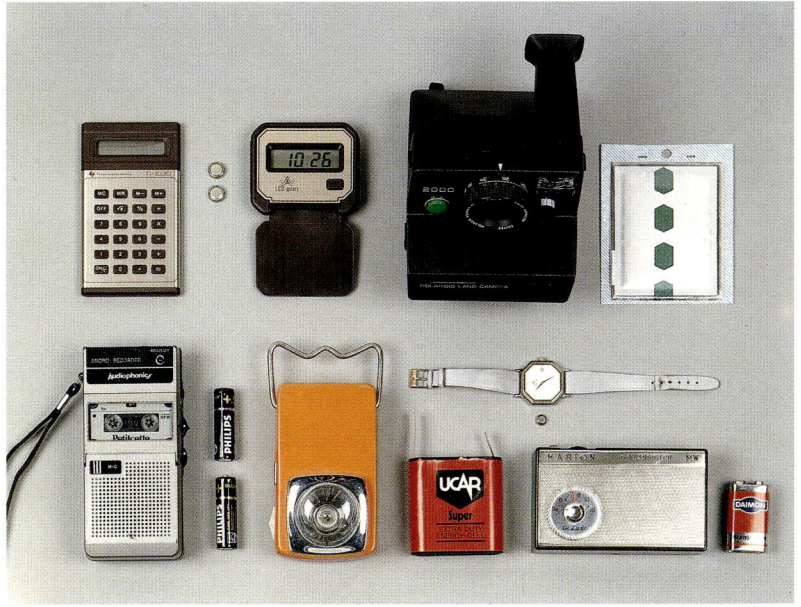

sie funktioniert, will ich erkunden, indem ich eine unverbrauchte (neue) und eine verbrauchte Taschenlampenbatterie zerlege und miteinander vergleiche.

Ich benötige:
- 1 feste Unterlage
- 1 Küchenmesser
- 1 Zange
- 1 unverbrauchte Taschenlampen-batterie (Flachbatterie)
- 1 verbrauchte Taschenlampen-batterie (Flachbatterie)

Ich experimentiere:
1. Ich lege die unverbrauchte Taschen-lampenbatterie auf die Unterlage, neh-me das Küchenmesser und zerschnei-de vorsichtig die Kunststoffhülle.

Ich beobachte:

\
\
\
\
\
\

Dann zerschneide ich mit der Zange die Drähte, die die drei Metallbecher mitein-ander verbinden. Anschließend öffne ich den Becher mit der kurzen Metall-zunge: Dazu schneide ich mit dem Mes-ser zunächst die Bodenkappe des Be-chers ab, reiße dann mit der Zange den Becher an der Naht von unten nach oben auf, biege ihn auf und nehme den darin befindlichen dunklen Stift heraus.

Ich beobachte:

\
\
\
\
\
\

2. Ich öffne die verbrauchte Batterie ge-nauso wie vorher die unverbrauchte.

Ich beobachte:

\
\
\
\
\
\

Ich komme zu folgendem Ergebnis:

\
\
\

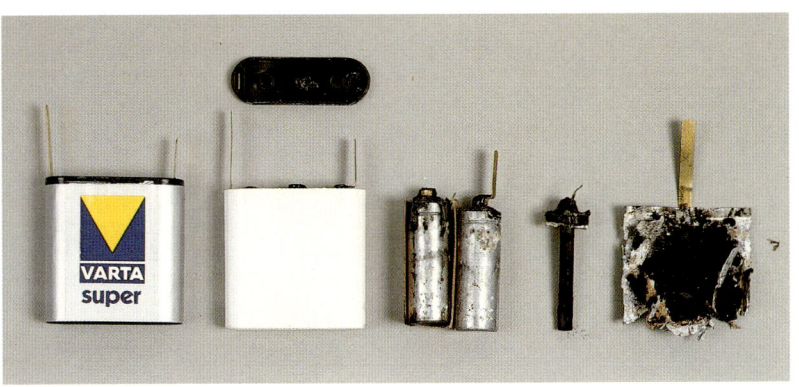

Abb. 67

Abb. 68

Beobachtung:

In der Kunststoffhülle befinden sich drei nebeneinanderstehende Metallbecher, die durch Drähte miteinander verbunden sind. Aus jedem Metallbecher ragt ein dunkler Stift mit einer aufgesetzten Metallkappe heraus. Der mittlere Becher ist durch Pappstreifen von den anderen getrennt. An dem einen der beiden äußeren Becher ist eine lange und an dem anderen eine kurze Metallzunge befestigt (Abb. 67).

Der aufgeschnittene Becher der unverbrauchten Batterie enthält einen dunklen Stift und ein schwarz-braunes, feinkörniges Substanzgemisch, in dem sich

kleine, weiße Körnchen befinden. Der aufgeschnittene Becher der verbrauchten Batterie enthält einen dunklen Stift, ein dunkles, bröseliges Substanzgemisch und farblose Kristalle. Die Innenseite des aufgeschnittenen Bechers der verbrauchten Batterie sieht angegriffen aus (Abb. 68, s. S. 101).

Ergebnis:

Die Taschenlampenbatterie (Flachbatterie) enthält drei nebeneinanderstehende Zinkbecher, die durch Drähte miteinander verbunden sind. Die beiden äußeren Becher haben jeweils eine Messingzunge. Das sind die Anschlüsse, die Pole, über die die *elektrische Energie* abgenommen wird. Die lange Messingzunge ist der *negative Pol,* die kurze der *positive Pol.*

In jedem Zinkbecher befindet sich ein Kohlestift, der aus dem Becher herausragt und an seinem oberen Ende mit einer Metallkappe versehen ist, und ein Substanzgemisch aus Braunstein, Aktivkohle und Ammoniumchlorid. Ver-

gleicht man die Substanzgemische der unverbrauchten und der verbrauchten Batterie miteinander, so zeigt sich, daß sich das Substanzgemisch beim Verbrauch verändert hat. Und auch das Zink an der Innenseite des Bechers hat sich beim Verbrauch verändert. Dieses sind Anzeichen dafür, daß *chemische Reaktionen* stattgefunden haben.

Zum Brennen benötigt die Taschenlampe elektrische Energie. Diese Energie kommt aus der Batterie. Sie wird durch die dort ablaufenden chemischen Reaktionen erzeugt.

Erklärung:

Die Taschenlampenbatterie (Flachbatterie) besteht aus drei Zinkbechern mit je einem Kohlestift und einem Substanzgemisch aus Braunstein, Aktivkohle und Ammoniumchlorid. Einen solchen Zinkbecher samt Inhalt bezeichnet man als *Batteriezelle* (oder *Monozelle*). Die drei Zinkbecher sind durch Drähte miteinander verbunden; sie sind hintereinandergeschaltet (=

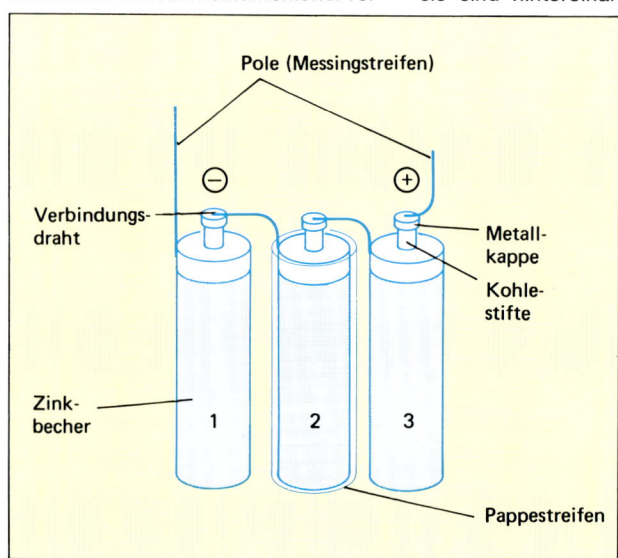

Abb. 69: Anordnung der drei Monozellen in einer Taschenlampenbatterie

Reihenschaltung). Diese Reihenschaltung sieht so aus: Die lange Messingzunge ist an dem einen der beiden äußeren Zinkbecher befestigt. Die Metallkappe des Kohlestiftes in dieser Zelle ist mit dem mittleren Zinkbecher durch einen Draht verbunden. Die Metallkappe des Kohlestiftes der mittleren Zelle ist wiederum durch einen Draht mit dem anderen äußeren Zinkbecher verbunden. An der Metallkappe des Kohlestiftes dieser Zelle ist die kurze Messingzunge befestigt. Eine solche Reihenschaltung bewirkt, daß man eine höhere elektrische Spannung erhält. Die elektrische Spannung einer Zelle beträgt ca. 1,5 V, die der Flachbatterie insgesamt folglich 4,5 V.

Bei der Taschenlampenbatterie (Flachbatterie) sind die Messingzungen die Pole: Die lange Messingzunge ist der *negative Pol* (= Minus-Pol, −Pol), die kurze ist der *positive Pol* (= Plus-Pol, +Pol). Das stimmt insoweit auch für die aus drei Batteriezellen bestehende Taschenlampenbatterie. Doch wenn man sich genauer anschaut, wie die drei Batteriezellen miteinander verbunden sind (s. oben), erkennt man, daß die lange Messingzunge an einem der Zinkbecher und daß die kurze Messingzunge an einem der Kohlestifte befestigt ist. D. h.: Innerhalb der Batteriezelle ist der Zinkbecher der negative Pol und der Kohlestift der positive Pol. Bei anderen Batterien bestehen die Pole aus anderem Material und sind anders angeordnet. Sie sind zumeist durch + und/oder − gekennzeichnet.

Die Batteriezellen der hier untersuchten Taschenlampenbatterie bestehen – wie gesagt – aus einem Zinkbecher, einem Kohlestift und einem Substanzgemisch aus Braunstein, Aktivkohle und Ammoniumchlorid. Andere Batterien bestehen aus anderen Stoffen. So gibt es beispielsweise Nickel-Cadmium-Batterien.

Wie wird nun in der hier untersuchten Batterie elektrischer Strom erzeugt? Elektrischer Strom ist ein Wandern (Strömen) von negativen Ladungsträgern in Metallen von Elektronen. Das läuft folgendermaßen ab: Der Begriff *negativer Pol* besagt, daß hier ein Überschuß an Elektronen besteht. Dieser Überschuß kommt dadurch zustande, daß vom Zinkbecher Zink in geringen Mengen gelöst wird, wobei Elektronen freigesetzt werden. Bei dieser Reaktion handelt es sich um eine *Oxidation*. *Positiver Pol* besagt, daß hier – in unserm Falle also am Kohlestift – ein Mangel an Elektronen herrscht. Verbindet man nun – z. B. durch einen Kupferdraht oder durch Einschalten der Taschenlampe – den negativen Pol mit dem positiven Pol, schließt man also den Stromkreis, dann „strömen" die am negativen Pol freigesetzten Elektronen über diese Verbindung zum positiven Pol. Dort reagieren sie mit einem Teil des Substanzgemisches, nämlich mit dem Braunstein. Dieser nimmt die Elektronen auf; das heißt: Er wird reduziert. Dabei reagiert er zu einer neuen Verbindung. Außer dem Braunstein enthält das Substanzgemisch noch Aktivkohle. Sie bewirkt, daß die Elektronen schneller zu den einzelnen Braunstein-Körnchen gelangen. Außer Braunstein und Aktivkohle ist in dem Substanzgemisch noch Ammoniumchlorid enthalten. Dieses reagiert mit den gelösten Zinkteilchen zu einer schwer löslichen Verbindung. Das sind die farblosen Kristalle, die in der aufgeschnittenen Zelle der verbrauchten Batterie zu sehen sind.

Bei entsprechend langer Benutzung verbraucht sich die Batterie allmählich. Grundsätzlich könnte man sie wieder aufladen (= *regenerieren*), indem man den oben beschriebenen Vorgang rückgängig machte. Indes, eine Regenerierung wäre bei dieser Art Batterien nur schwer möglich und zu aufwendig.

Experiment 38:
Herstellung einer
Batterie

Ich überlege:
In Experiment 37 habe ich erfahren, aus welchen Bauteilen und Stoffen eine Taschenlampenbatterie besteht und wie sie funktioniert. Nun will ich eine Batterie – genauer: eine Batteriezelle (oder Monozelle) – selber herstellen. Die dazu notwendigen Materialien zeigt Abb. 70.

Abb. 70

Ich benötige:
– 1 dünnes Zinkblech, 8 x 8 cm groß
  (evtl. einen der unverbrauchten Zinkbecher aus Experiment 37 entleeren)
– 1 Filterpapier
– 1 Gummi- oder Korkstopfen (für den Zinkbecher benötige ich diesen nicht), Durchmesser ca. 2,5 cm
– 2 isolierte Kupferdrähte ca. 20 cm lang
– 1 Messer
– 4 Krokodilklemmen
– 1 Glühbirnchen, ca. 3,8 V; 0,07 A, mit Fassung, an die Krokodilklemmen befestigt werden können
– 1 kleines Becherglas
– 1 Waage
– 13 g Braunstein
– 6 g Aktivkohle
– 8 g Ammoniumchlorid
– 1 Glas Wasser
– 1 Rührstab
– 1 Spatel
– 1 Kohlestift, ca. 10 cm lang
  (es kann auch eine dicke Bleistiftmine sein)
– Isolierband
– 1 Becherglas

Ich experimentiere:
Ich biege das Zinkblech so zu einem Zylinder, daß die Kanten aneinanderstoßen. Anschließend rolle ich das Filterpapier zu einem Zylinder und stecke diesen so in den Zinkzylinder, daß er am unteren Ende etwa 1 cm übersteht. Nun nehme ich den Gummistopfen und verschließe damit das untere Ende des Zinkzylinders, indem ich den Stopfen in den überstehenden Papierzylinder stecke und ihn mit dem Papier fest in den Zinkzylinder drücke.

Mit dem Messer entferne ich an den Enden der beiden Kupferdrähte jeweils etwa 1 cm der Kunststoffisolierung und befestige dort die vier Krokodilklemmen. Dann verbinde ich die beiden Kupferdrähte mit jeweils einer der daran angebrachten Krokodilklemmen mit der Fassung des Glühbirnchens.

Ich wiege in das kleine Becherglas 13 g Braunstein, 6 g Aktivkohle und 8 g Ammoniumchlorid ein. In dieses Gemisch gieße ich portionsweise Wasser und rühre mit dem Rührstab, so daß ein weicher Brei entsteht. Mit diesem Brei fülle ich den Zinkzylinder, den ich unten mit dem Stopfen verschlossen habe, bis etwa 1 cm unterhalb des oberen Randes.

Den Kohlestift stecke ich so in die Mitte des Breis, daß er den Stopfen, mit dem der Zinkzylinder unten verschlossen ist, nicht berührt und daß er aus dem Brei ein Stück herausragt.

An dem herausragenden Ende befestige ich die zweite Krokodilklemme des einen Kupferdrahtes so, daß sie den Brei nicht berührt. Um die Krokodilklemme und das herausragende Ende des Kohlestiftes wickle ich ein Stück Isolierband. Dann stelle ich den Zinkzylinder in ein Glas, damit er nicht umfällt, und befestige die zweite Krokodilklemme des zweiten Kupferdrahtes so am oberen Rand des Zinkzylinders, daß sie weder mit dem Filterpapier noch mit dem Brei in Berührung kommt.

Ich beobachte:

_____

_____

_____

_____

_____

Ich komme zu folgendem Ergebnis:

_____

_____

_____

_____

Beobachtung:
Das Glühbirnchen leuchtet schwach auf (Abb. 71).

Ergebnis:
Das Aufleuchten des Glühbirnchens zeigt, daß elektrische Energie vorhanden ist.

Erklärung:
Die selbst hergestellte Batterie besteht aus denselben wesentlichen Bauteilen und Stoffen wie die in Experiment 37 untersuchte Taschenlampenbatterie. Das aus dem Zinkzylinder herausragende Stück des Kohlestiftes wird durch das Isolierband vor dem Eindringen von Luftsauerstoff geschützt. Dieser würde einen anderen Reaktionsablauf bewirken.

Die Erzeugung elektrischer Energie erfolgt durch die gleichen chemischen Reaktionen, wie sie in Experiment 37 beschrieben sind.

Abb. 71

Wie hoch die elektrische Spannung exakt ist, kann mit einem Spannungsmesser festgestellt werden. Gemessen wird eine Spannung von ca. 1,25 V. Bei Belastung sinkt die Spannung schnell ab. Das heißt: Die selbst hergestellte Batterie(-zelle) hat etwa ein Drittel der Spannung der in Experiment 37 untersuchten Taschenlampenbatterie, bei der drei Zellen hintereinandergeschaltet sind.

Experiment 39: Veredelung von Gegenständen auf elektrochemischem Wege – Verkupferung eines Eisenkettchens

Ich überlege:

Ich kenne eine ganze Reihe von Gegenständen, die vergoldet, versilbert, ver-

kupfert oder verchromt sind: Kirchturmhahn, Besteck, Münzen, Stoßstangen, Wasserhähne usw.

Gold, Silber und Kupfer gehören zu den Edelmetallen. Bei der Vergoldung, Versilberung und Verkupferung werden Gegenstände aus unedleren Metallen – z. B. aus Eisen – und auch solche aus anderen Materialien mit einem Überzug aus Edelmetall versehen. Diese Veredelung bewirkt u. a., daß die Gegenstände haltbarer werden; denn Gold wird von der Umwelt gar nicht, Silber und Kupfer werden von ihr relativ wenig angegriffen. Durch die Veredelung werden die Gegenstände natürlich auch wertvoller. Die Veredelung kann auf verschiedene Weisen vorgenommen werden. So gibt es z. B. die Feuervergoldung und die Blattvergoldung. Sehr häufig aber erfolgt die Veredelung auf elektrochemischem Wege.

Das folgende Experiment beschreibt, wie ich auf elektrochemischem Wege ein Eisenkettchen verkupfern kann. Wenn mir das verkupferte Kettchen gefällt, kann ich es als Schmuck tragen.

Ich benötige:
- 1 Becherglas (250 ml)
- 1 Waage
- 40 g blaues Kupfersulfat
- 1 Meßzylinder
- 200 ml destilliertes Wasser
- 1 Rührstab
- 5 ml 10 %ige Schwefelsäure
- 2 isolierte Kupferdrähte
- 1 Messer
- 4 Krokodilklemmen
- 1 Kupferblech (ca. 4 x 10 cm groß)
- 1 Taschenlampenbatterie (Flachbatterie; 4,5 V)
- 1 Eisenkettchen
- 1 kleines Becherglas
- Benzin
- 1 Pinzette
- Filterpapier

Abb. 72

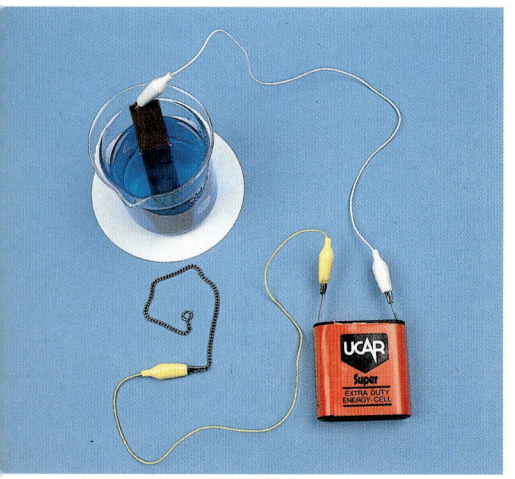

Ich experimentiere:

In das Becherglas wiege ich 40 g Kupfersulfat ein und gebe 200 ml destilliertes Wasser hinzu. Ich rühre mit dem Rührstab, bis alles Kupfersulfat gelöst ist. Zu der Lösung gebe ich vorsichtig 5 ml 10 %ige Schwefelsäure.

Ich nehme die beiden Kupferdrähte und entferne mit dem Messer an deren Enden je etwa 1 cm der Kunststoffisolierung. An den freigelegten Enden befestige ich je eine Krokodilklemme.

Das Kupferblech stelle ich in das Becherglas; es muß mindestens 1 cm aus der Lösung herausragen. Nun nehme ich einen Kupferdraht und klemme die eine der beiden daran befestigten Krokodilklemmen an den aus der Lösung herausragenden Rand des Kupferblechs.

Anschließend nehme ich die Taschenlampenbatterie und klemme die andere Krokodilklemme, die am Draht befestigt ist, an die kurze Messingzunge der Batterie, also an den Plus-Pol.

Ich lege das Eisenkettchen in ein kleines Becherglas und übergieße es zum Entfetten mit ein wenig Benzin. Nach etwa 2 Minuten nehme ich es mit der Pinzette heraus und trockne es mit Filterpapier so ab, daß ich es dabei nicht mit den Fingern berühre.

Im Anschluß daran nehme ich den zweiten Kupferdraht und klemme die eine der daran befestigten Krokodilklemmen an die lange Messingzunge der Batterie, also an den Minus-Pol.

Dann verbinde ich die zweite Krokodilklemme dieses Drahtes mit dem Kettchen.

Erst jetzt tauche ich das Kettchen – ohne es mit den Fingern zu berühren – in die Lösung im Becherglas ein. Nach etwa 2 bis 3 Minuten nehme ich es heraus und lege es auf Filterpapier.

Ich beobachte:

Ich komme zu folgendem Ergebnis:

Beobachtung:
Das Eisenkettchen sieht kupferfarben aus (Abb. 73, s. S. 108).

Ergebnis:
Das Eisenkettchen ist mit einer Kupferschicht überzogen.

Erklärung:
Die Lösung ist eine schwefelsaure Kupfersulfatlösung. Sie besteht aus Wasser,

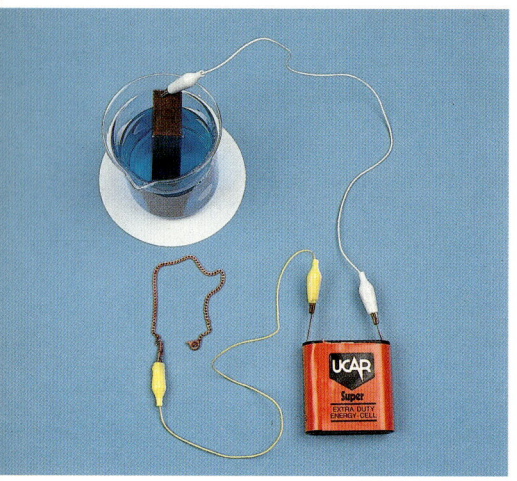

Folglich herrscht am Kupferblech ein Mangel an Elektronen. Ist der Stromkreis geschlossen, lösen sich vom Kupferblech Kupferteilchen auf und geben dabei Elektronen ab. Diese wandern zum Plus-Pol der Batterie und reagieren dort – wie im Experiment 37 beschrieben – mit dem Braunstein usw.

Experiment 40:
Reinigung von „angelaufenem" Silberbesteck auf elektrochemischem Wege

Abb. 73

Kupfersulfat und einer geringen Menge Schwefelsäure. Wenn das Eisenkettchen in die schwefelsaure Kupfersulfatlösung eingetaucht ist, dann ist der Stromkreis geschlossen. Von den dann ablaufenden elektrochemischen Reaktionen ist folgende die entscheidende: Der Minus-Pol ist, wie bei Experiment 37 erklärt wurde, durch einen Überschuß an Elektronen gekennzeichnet. An den Minus-Pol ist im jetzigen Experiment das Eisenkettchen angeschlossen. Folglich herrscht am Eisenkettchen ein Elektronenüberschuß. Die überschüssigen Elektronen werden von den positiv geladenen Kupferteilchen der Kupfersulfatlösung aufgenommen. Diese werden dadurch zu metallischem Kupfer. Dieses Kupfer scheidet sich auf der Oberfläche des Eisenkettchens ab. Das Kettchen wird *verkupfert*.
Der Plus-Pol ist, wie ebenfalls im Experiment beschrieben wurde, durch einen Mangel an Elektronen gekennzeichnet. An den Plus-Pol ist in diesem Experiment das Kupferblech angeschlossen.

Ich überlege:
Silber ist gegen äußere Einflüsse nur bedingt unempfindlich; Silber „läuft an".
Gegenstände, die aus Silber bestehen oder die versilbert sind, werden, wenn sie „angelaufen" sind, zumeist mit einem besonderen Silberreinigungsmittel und einem weichen Tuch geputzt. Die Reinigung erfolgt also hauptsächlich auf mechanischem Wege (s. dazu S. 35). Dadurch wird Silber abgerieben und wird besonders bei versilberten Gegenständen die Silberschicht allmählich immer dünner, so daß schließlich das darunter befindliche Metall zu sehen ist.
Silberne oder versilberte Gegenstände, die „angelaufen" sind, kann man auch auf elektrochemischem Wege reinigen. Das hat den Vorteil, daß kein Silber verbraucht wird.

Ich benötige:
– 1 großes Becherglas
   (oder 1 Topf)
– 1 Waage
– 70 g wasserhaltige Soda
– 1 Meßzylinder
– 500 ml Wasser

- 1 Rührstab
- 1 flache Schüssel
- Aluminiumfolie (z. B. aus dem Haushalt)
- 1 „angelaufenen" Silberlöffel (oder ein anderes Besteckteil aus Silber oder versilbert)

Ich experimentiere:

In das Becherglas wiege ich 70 g Soda ein. Dann messe ich 500 ml Wasser ab, gebe es zur Soda in das Becherglas und rühre um.

Ich lege die flache Schüssel mit Aluminiumfolie aus. Darauf lege ich den „angelaufenen" Silberlöffel. Den Löffel übergieße ich mit der Sodalösung, so daß er völlig bedeckt ist, und lasse ihn so lange in der Lösung liegen, bis er sauber aussieht. Dann nehme ich ihn heraus und spüle ihn mit Wasser ab.

Ich beobachte:

_____

_____

_____

_____

_____

Ich komme zu folgendem Ergebnis:

_____

_____

_____

_____

Abb. 74

Beobachtung:

Nach kurzer Zeit verschwindet der schwarze Belag auf dem Silber (Abb. 75). Die Lösung riecht nach Schwefelwasserstoff (faulen Eiern).

Abb. 75

109

Ergebnis:

Das Silber wird durch den Kontakt mit der Aluminiumfolie in der Sodalösung gereinigt.

Erklärung:

Der schwarze Belag auf dem Silberlöffel ist Silbersulfid. Silbersulfid ist eine Verbindung aus Silber und Schwefel. Es bildet sich, wenn Silber mit Schwefelwasserstoff in Berührung kommt. Im Haushalt entsteht Schwefelwasserstoff u. a. bei der Zersetzung von Eiweißstoffen (s. Experiment 16). So erklärt sich, wieso besonders Silberbesteck „anläuft".

Der Silberlöffel muß die Aluminiumfolie berühren. Dadurch entsteht ein elektrochemisches Element, in diesem Falle ein galvanisches Element: Ein „Partner" gibt Elektronen ab, der andere nimmt sie auf. In diesem Experiment gibt das Aluminium, das unedler ist als Silber, Elektronen ab. Diese Elektronen werden vom Silberlöffel aufgenommen und reagieren mit dessen Belag, nämlich mit dem Silbersulfid. Im Silbersulfid ist das Silber positiv geladen und der Schwefel negativ. Die positiv geladenen Silberteilchen nehmen die Elektronen auf und werden wieder zu reinem Silber. Die negativ geladenen Schwefelteilchen des Silbersulfids reagieren mit der Sodalösung, und es bildet sich u. a. Schwefelwasserstoff.

Literaturhinweise

BRAUN, M.: Elektrochemie, Düsseldorf, Schwann 1976

BUNDESZENTRALE FÜR GESUND-HEITLICHE AUFKLÄRUNG KÖLN: Curriculum Ernährung. Unterrichtseinheit: Grundtatsachen einer vollwertigen Ernährung, Stuttgart, Klett 1976

DFG: Farbstoffe für Lebensmittel, Boppard, Boldt, 1978

FIELER, G.: Farben aus der Natur, Hannover, Scharper, 1978

FRANIK, R.: Chemie Sekundarstufe I N, München, Bayerischer Schulbuch-Verlag, 1983

GREB, E./KEMPER, A./QUINZLER, G.: Umwelt: Chemie, Stuttgart, Klett, 1981

GROSSE, E./WEISSMANTEL, C.: Chemie selbst erlebt, Leipzig, Urania, 1982

HENKEL KGaA, Düsseldorf/KLETT, Stuttgart: Seifen und Waschmittel. Unterrichtseinheit, Stuttgart, Klett, 1980

JANSEN, W./KENN, M.: Elektrochemie, Köln, Aulis Verlag Deubner, 1977

RISCH, K./SEITZ, H.: Organische Chemie, Hannover, Schroedel, 1981

RÖMPP, H./RAAF, H.: Chemie des Alltags, Stuttgart, Franckh'sche Verlagsbuchhandlung W. Keller u. Co., 1967

SCHLEIP, A./WIEDERHOLT, E.: Chemie Sekundarstufe I, Frankfurt a. M., Hirschgraben 1977

SCHLIEPER, C. A.: Ernährung heute, Hamburg, Handwerk und Technik, 1981

WITTKE, G.: Farbstoffchemie, Frankfurt a. M., Diesterweg Salle, 1979

Bezugsquellen

Chemikalien und Laborgeräte

BUNGE Chemie-Versand, Postfach 1136, 2150 Buxtehude.

KOSMOS-SERVICE, Postfach 640, 7000 Stuttgart 1
(für eilige Anfragen und Bestellungen Telefon: 07 11/2191-2 51).

Firma Dr. *WILLMES*, Saarbrücker Straße 160, 6604 Saarbrücken-Brebach.

kosmos Experimentierbuch

Dieses Kosmos-Experimentierbuch beschreibt Farbstoff-Trennungen auf Papier und Dünnschichtfolien mit einfachsten Mitteln: die chromatographischen Abtrennungen. Untersucht werden beispielsweise Farbstoffgemische aus Tinten, Fasermalstiften und Kugelschreiberminen, Ostereier- und Speisefarben, gefärbten Lebensmitteln sowie aus Blättern und Blüten.

Neben der Experimentiertechnik wird auch eine Einführung in die Farbenchemie, die Geschichte künstlicher Farbstoffe und der bedeutendsten Analysenmethoden unserer Zeit gegeben.

Zahlreiche Hinweise zum Vorkommen von Farbstoffen ermöglichen weiterführende, eigenständige Entdeckungen in der Welt der Farben.

115 Seiten, 22 z. T. farbige Abbildungen

Überall dort wo es Bücher gibt!

Dieses Buch beschreibt eine Auswahl von Inhalts- und Zusatzstoffen. Ihre Bedeutung in den Lebensmitteln, Wirkung auf den Menschen, ihre Eigenschaften und Geschichte werden leicht verständlich dargestellt. Nach der Lektüre wissen Sie, was Antioxidationsmittel in Ihrem Hühner-Nudeltopf sollen und wie Sie Säuerungsmittel in Ihrer Nahrung nachweisen können.

Mineralstoffe, anorganische und organische Inhaltsstoffe sowie die Auswirkungen der Metalle Aluminium, Zink und Zinn auf Konservendosen-Lebensmittel werden beschrieben. Am Ende eines jeden Kapitels steht eine Anleitung, wie jedermann mit einfach zu handhabenden Teststäbchen Inhaltsstoffe in Lebensmitteln nachweisen kann.

160 Seiten, 8 Formeltafeln, 1 Abbildung, 9 Tabellen

Diese Einführung in die Maßanalyse auf einfacher Grundlage wendet sich an alle, die im Heimlabor oder im schulischen Bereich quantitativ arbeiten möchten. Bei der Auswahl der Versuche waren Praxisbezug und methodische Vielfalt ausschlaggebend. Das Programm reicht von einfachen Säure-Base-Titrationen bis zur komplexometrischen Schwermetallbestimmung.

Auch wurden Analysen organischer Stoffe berücksichtigt, u. a. Acetylsalicylsäure, Ascorbinsäure, ungesättigte Fettsäuren, Formaldehyd, Glucose, Phenol.

Dem experimentellen Teil sind Informationen über die benötigten Geräte und Chemikalien, Hinweise zur Arbeitstechnik sowie eine knappe Zusammenfassung der theoretischen Grundlagen vorangestellt.

160 Seiten, 39 Abbildungen

Materialliste

Diese Liste enthält alle Stoffe, Geräte und Gegenstände, die für die Versuche benötigt werden.
Sie befinden sich entweder im Haushalt oder lassen sich in der Apotheke, Drogerie, Hobbyläden sowie über die Bezugsfirmen (s. S. 111) beschaffen.

Aktivkohle
Alkohol
Aluminiumfolie
Ammoniumchlorid
Apfelsine
Apfelsinenschale (von einer unbehandelten Apfelsine)
Avocadoöl
Backöl (Bittermandelöl)
Banane
Baumwollfaden
Baumwollstoffprobe, unbehandelt
Bechergläser
Benzin
Bienenwachs
Bindfaden
Bleistift
Braunstein
Brenner (mit Aufsatz oder mit Dreifuß und Drahtnetz)
Brennspiritus
Borax
Butanol
Cremetopf, verschließbar
Draht
Drahtnetz
Dünnschicht-Chromatographie-Platte aus Kieselgel
Ei

Eigelb
Eisenkettchen
Eisessig
Eiswürfel
Erlenmeyerkolben
Feinwaschmittel
Filzstift, grün, schwarz, violett
Fläschchen mit engem Hals
Gefrierschrank
Geschirrtuch
Glasschalen
Glasstab
Glühbirnchen, ca. 3,8 Volt und 0,07 Ampere mit Fassung
Glycerin
Gummistopfen
Hackfleisch
Haferflocken
Hammer
Haselnüsse, gemahlene
Haushaltsessig
Heizplatte
Hirschhornsalz
Holzklötzchen
Holzspatel
Jodtinktur
Isolierband
Kakaobutter
Kartoffeln
Kerbel
Kiwifrucht
Kochsalz
Kohlestift (oder eine dicke Bleistiftmine)
Kokosfett
Kongorotpulver
Korkstopfen
Krokodilklemmen
Kupferdraht, isoliert
Kupfersulfat
Lakritz-Dragee-Stäbchen, blaue